中学受験社会
思考力を身につける
レッスン帳

田中則行 著

―はじめに―

近年、中学受験の社会では答えが1つとは限らない、幅広い思考力が求められる問題が増えてきています。こうした問題はかつては一部の上位校や、近年人気が高まりつつある公立中高一貫校で見られましたが、本書を見ると分かりますが今は様々な学校で出題されるようになっています。これは2021年より開始される大学入学共通テストが大きく関係していると考えられ、今後も出題が増えていくと思われます。

このように需要が高まってきている思考力問題ですが、十分な対策がされていないのが現状です。今後の入試を考えれば思考力問題の対策が重要になっていくに違いありません。そこで、本書の作成を考えました。

本書は、ここ2、3年の入試で見られた思考力問題をまとめたものです。問題は地理・歴史・公民分野に加えて、近年注目されつつあるSDGs（持続可能な開発目標）やAL（アクティブラーニング）型に当てはまる問題も掲載しています。また、多様な解答が考えられる問題が中心のため、一部の問題を除いて複数の解答を示してあります。もちろん、解答例以外の解答も考えられます。

そして、思考力問題に臨む際に重要なことは以下の通りです。

①知識量

思考力問題といっても知識がなければ考えることができません。

②分析力

問題の求めていることや資料をよく理解してから考えることが意見を出す近道です。

③表現力

いくら優れた考えでも、相手に伝わらなければ意味がありません。

以上の３つを意識して取り組んでください。答えがまとまらないときはいずれかが上手くいっていない可能性が高いです。

最後に、本書は社会科の入試問題を掲載していますが、多様な解答が考えられる点で公立中高一貫校の適性検査対策としても、公立高校の入試対策としても利用できます。本書を幅広く使っていただければと思います。

目 次

目次

【解　答　編】

—問 題 編—

第１章　地理地形

第２章　地理産業

第３章　歴史分野

第４章　公民分野

第５章　国際社会

第６章　SDGs

第７章　AL 問題

―第１章―

地理地形

▶▶問１　【解答 102 ページ参照】

「陸上運送」にはじょうぶで「平らな道」が欠かせません。日本ではこのような道があまり多くなかったのはなぜか、日本の地理的な特色を考えて述べなさい。

（2020 年　光塩女子学院）

▶▶問題２　【解答 102 ページ参照】

築 40 年以上経過した学校施設が多くあるのはなぜですか。その理由を答えなさい。

（2019 年　渋谷教育学園幕張）

▶▶問題３　【解答 102 ページ参照】

新幹線ひかり号で東京駅を出発して名古屋駅に到着するまでにかかった時間は約２時間５分でした。のぞみ号を利用していたら約１時間 40 分、こだま号を利用していたら約２時間 50 分かかります。これに対して 2027 年に開通が見込まれているリニア新幹線では名古屋まで約 40 分で行けることになります。この開通によって日本の社会にどのような影響がもたらされると考えられますか。あなたの考えを書きなさい。

（2020 年　土浦日本大学中）

▶▶問題４　【解答 103 ページ参照】

本州から遠く離れた小笠原諸島には現在のところ、空港がありません。空港が建設されていない理由についてどのようなことがあると思いますか。あなたの考えを書きなさい。

（2018 年　東洋大学京北中）

▶▶問題５　【解答 103 ページ参照】

エチオピアでは水道のない生活をしているため、13 才の子どもが近くで水を手に入れることができません。そのため、朝早くから往復８時間かけて水くみに出かけますが、そこで手に入る水も茶色くにごった水です。

13 才の子どもにとって、この水くみの問題点は何ですか。説明しなさい。

（2020 年　桐朋中）

▶▶問題６　【解答 103 ページ参照】

世界には、生活に必要な水を得ることが難しい人も多く、深刻な水資源問題が起こることが予想されていますが、具体的にどのようなことが予想されるか、例をあげて説明しなさい。

（2020 年　学習院女子中等科）

▶▶問題７　　　　　　　　　　【解答 104 ページ参照】

「ドラえもん」がポケットから出すひみつ道具の中に“どこでもドア”があります。もしも、この道具があったら、あなたは、いま、どこの国へ行きたいですか。国名を答え、その国について知っていることを書き、行ってみたい理由を述べなさい。

（2019 年　函嶺白百合学園）

▶▶問題８　　　　　　　　　　【解答 104 ページ参照】

自然災害を防ぐために森林が果たしている役割はどんなことがありますか。考えられることを書きなさい。

（2019 年　実践学園）

▶▶問題９　　　　　　　　　　【解答 104 ページ参照】

2018 年は自然災害が相次いだ。自然災害に備えて、私たちがふだんできることを説明しなさい。

（2019 年　工学院大学附属中）

▶▶問題10 【解答105ページ参照】

水害に対する防災活動に対して、あなたはどのような活動を行うことが必要だと考えるか、自助・共助・公助の視点から1つ選び、具体的に答えなさい。なお、自助とは自分でできる防災活動を行うこと、共助とは共同で防災活動を行うこと、公助とは地方自治体による防災活動のことを意味する。

（2019年　中村中）

▶▶問題11 【解答105ページ参照】

国や地方自治体の政策としての治水をめぐる現状には、どのような課題がありますか。近年の水害状況のあり方もふまえて説明しなさい。

（2020年　武蔵中）

▶▶問題12 【解答106ページ参照】

地球温暖化が進むと、私たちの生活にどのような影響があるでしょうか。あなたの考えを書きなさい。

（2018年　横浜富士見丘学園中等教育）

▶▶問題13　【解答106ページ参照】

以下のグラフは、1995年に発生した阪神・淡路大震災でどのように救助されたかをまとめた統計です。このグラフから分かることを「自助」「共助」「公助」という言葉を必ず使って説明しなさい。また、災害に備えてあなたができる「自助」とはなにかを考え、具体的に述べなさい。

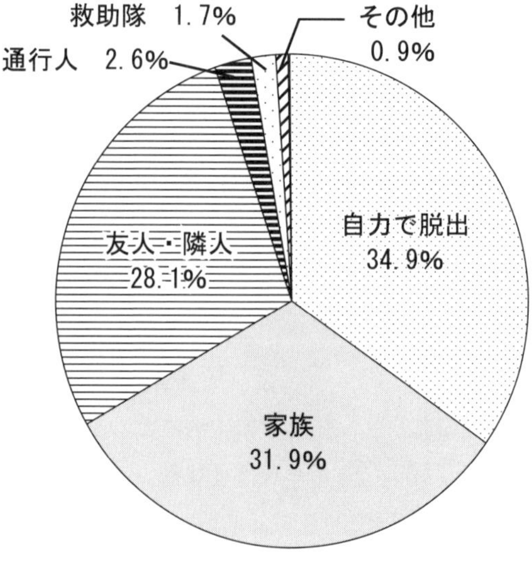

出典：標本調査：（社）日本火災学会（1996）
「1995年兵庫県南部地震における火災に関する調査報告書」より内閣府作成

（2019年　聖園女学院）

▶▶問題14 【解答107ページ参照】

洪水に限らず、ハザードマップを１つ取り上げ、有効な使い方を説明しなさい。

（2020年　武蔵中）

▶▶問題15 【解答107ページ参照】

ハザードマップは、過去の災害をふまえて何度も検討を重ねるなど、作成に時間がかかります。一方、2016年に発生した熊本地震では、益城町の被害状況をまとめた地図がたった１日で作られました。この地図は、道路や建物の被害状況などの情報を集め、それを即時に共有することで作成されました。どのようにして短時間で情報を集めることができたと考えられますか、説明しなさい。

（2020年　晃華学園）

▶▶問題16　　　　　　　　　　　　　　　　【解答108ページ参照】

2011年に発生した東北地方太平洋沖地震（3.11東日本大震災）以降、各自治体では、それぞれの地域の特性にもとづいて自然災害を想定したハザードマップ（災害予測地図、防災マップともいう）が作られています。多くの学校が地域の避難場所に指定されることも多いと思われます。また、本校が避難所となった場合、皆さんも「守られる立場」から「助ける立場」で行動することが必要になってきます。その際、避難所であなたができることは何ですか。具体的な例をあげて説明しなさい。

（2019年　多摩大学附属聖ヶ丘中学校）

—第２章—

地理産業

▶▶問題１　　【解答 109 ページ参照】

近年、全国各地で、次世代型の「植物工場」と呼ばれる施設でトマトやレタスなどを生産する取り組みが行われています。

「植物工場」で野菜を生産する利点について、このような施設と一般的な畑との違いをあげながら、答えなさい。

（2020 年　鷗友学園女子）

▶▶問題２　　【解答 109 ページ参照】

現在、農林水産省では、農業人口の減少に合わせて農業分野にインターネットなどの先端技術を取り入れる「スマート農業」を推奨しています。そこで、農業にインターネットを活用する取り組みを考え説明しなさい。ただし、「ロボット」は用いないこととする。

（2020 年　埼玉栄）

▶▶問題３　　　　　　　　　　　　【解答 110 ページ参照】

近年、高知県では小さな村の良さを活かしていける産業の開発を進めています。

例えば、杉の間伐材を薄く切った板を用いて作ったカバンがあります。弾力性のある木材で作られているため、中に入っているものがつぶれない、という理由で多くの人たちに人気があります。

こうしたカバンを製造する取り組みは、村によってどのような利点があるか、考えて答えなさい。その際、間伐材を使う理由についても触れて答えなさい。

（2020 年　鷗友学園女子）

▶▶問題４　　　　　　　　　　　　【解答 110 ページ参照】

風力・太陽光・地熱の発電量はまだ少ないが、これからは「新しいエネルギー」として注目されている。その理由について説明せよ。

（2019 年　江戸川女子）

▶▶問題5 【解答 110 ページ参照】

下の写真は、風力発電の設備を示しています。風力発電の設備は、どのような生物がどのような被害を受けることが考えられますか、説明しなさい。

※写真は筆者撮影

（2020 年　不二聖心女子学院）

▶▶問題6 【解答 111 ページ参照】

様々な発電方法を組み合わせて電気をつくることをエネルギーミックスといいます。エネルギーミックスが大切とされる理由を説明しなさい。

（2020 年　横浜女学院）

▶▶問題7 【解答111ページ参照】

近年、自動車産業は「自動運転技術」の開発に力を注いでいます。自動車の自動運転技術が発達することは、下の人口ピラミッドから読み取れる日本社会の課題に対して、どのように役立ちますか、あなたの考えを述べなさい。

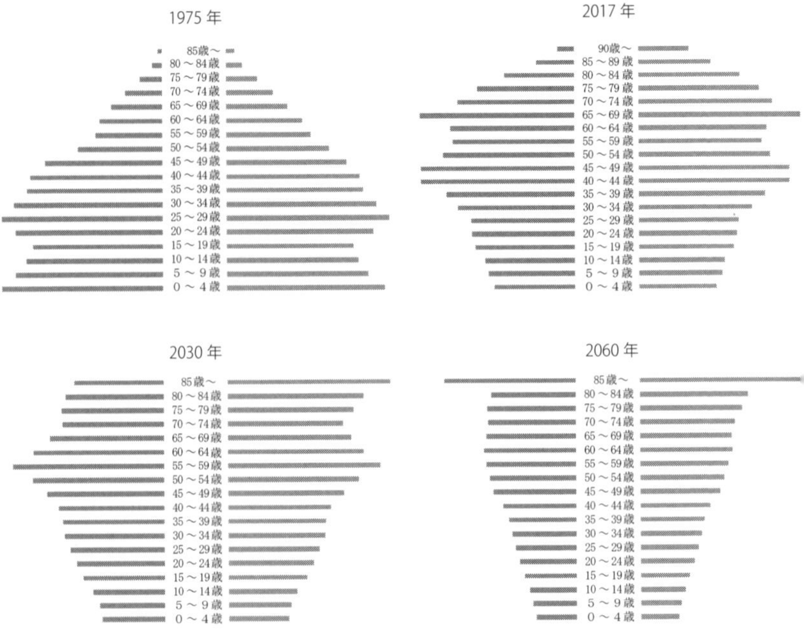

（2018年　日本女子大附属　改）

▶▶問題 8 【解答 111 ページ参照】

羽田空港と成田空港はともに空の玄関としての役割を果たしていますが、都心からの交通の便の良さ以外にも違いがあります。成田空港には騒音や振動の問題を考慮して、ある制限が設けられています。この内容について答えなさい。

（2020 年　渋谷教育学園幕張）

▶▶問題 9 【解答 112 ページ参照】

蒸気機関車より電車のほうが、速度を上げられるという利点があります。蒸気機関車と比べて、電車には他にどのような利点があるか、具体的に説明しなさい。

（2019 年　栄光学園）

▶▶問題 10 【解答 112 ページ参照】

大型クルーズ船を利用した船旅は、高齢者に人気があります。その理由をあげて述べなさい。

（2020 年　光塩女子学院）

▶▶問題11　【解答113ページ参照】

通信のラストワンマイル（通信事業者の最寄りの基地局から利用者の建物までを結ぶ、通信回線の最後の部分）は無線で提供されることもあります。ラストワンマイルを山間部に有線で提供する場合と無線で提供する場合を比較した場合、無線の場合のメリットは何であると考えられますか。

（2020年　頌栄女子学院）

▶▶問題12　【解答113ページ参照】

今まで多くの国がオリンピックを実施するうえで、様々な課題をかかえてきました。今回の東京大会でも酷暑の中の大会であることなど、気象面の問題点があげられていますが、他の課題として考えられることを、「有効利用」「交通」という言葉を使って説明しなさい。

（2020年　芝浦工業大学柏中学校）

▶▶問題13　【解答114ページ参照】

適正価格で貿易を行うためには、どのようなことをすればいいですか。「買い取り価格」という語句を用いて簡潔に説明しなさい。

（2019年　大宮開成）

▶▶問題14 【解答114ページ参照】

近年では、アジアなどの新興国で日本企業による工業生産が増えています。今後、経済成長が期待されるこれらの国々が日本企業を受け入れることには、どのような利点がありますか。説明しなさい。

（2020年　高輪中）

▶▶問題15 【解答114ページ参照】

経済発展により賃金が上がっているにもかかわらず、なぜ日本の企業は中国に工場を残したのでしょうか。理由を答えなさい。

（2020年　麻布中）

▶▶問題16 【解答115ページ参照】

高度経済成長期では人々の生活はどのように変化しましたか。よい面と悪い面をあげて説明しなさい。

（2018年　実践学園）

▶▶問題17　　　　　　　　　　　　　【解答115ページ参照】

下のⅠ～Ⅲにしたがって、例を参考にしながら、宮城県における祭りを「七夕まつり」以外で１つ考えなさい。

【条件Ⅰ】　宮城県の特色を表す祭りの名称を自分で考えること。

【条件Ⅱ】　祭りの名称を「宮城県□祭り」とすること。

【条件Ⅲ】　その祭りが、宮城県の祭りである理由が明確であること。

《鹿児島県の例①》

名称：鹿児島県西郷どん祭り

理由：西郷隆盛は鹿児島県出身であるから。

《鹿児島県の例②》

名称：鹿児島県さつまいも祭り

理由：さつまいもは鹿児島県の特産物だから。

（2020年　順天中）

▶▶問題18　【解答116ページ参照】

熊本県は「くまモン」という名のキャラクター（ゆるキャラ）が有名です。他にも、滋賀県彦根市の「ひこにゃん」など、全国的にその地域を代表するキャラクターが作られています。このようなキャラクターを作ることで、その地域にはどのようなよい影響がありますか。説明しなさい。

（2019年　近江兄弟社中）

▶▶問題19　【解答116ページ参照】

水泳の授業を市内のスイミングスクールで実施することについて、スイミングスクール側のメリットや利益について具体例をあげて答えなさい。

（2019年　渋谷教育学園幕張）

▶▶問題20　【解答117ページ参照】

一部の調査結果から全体を理解するには限界があることを心にとめ、注意を払うことについて。以下の例の問題点をあげて説明しなさい。

> 「飲めば背がのびる」というサプリメント（栄養剤）の効果を調べるために、小学6年生5人に実際に飲んでもらいました。その結果、全員の身長が伸びたので「100%の効果がある」ことが証明できたとみなして広告を出すことにしました。

（2020年　光塩女子学院）

▶▶問題21　【解答117ページ参照】

スーパーマーケットの魚売り場に行くと、「魚の調理サービス」と書かれている窓口があります。お客さんがそのサービスをお願いする理由は何だと思いますか。その理由を具体的に説明しなさい。

（2018年　東京学芸大学附属世田谷）

▶▶問題22　【解答117ページ参照】

衣類には、洗濯における取り扱いを示す洗濯表示を付けることが義務付けられています。2016年12月より、洗濯表示が変わり、日本だけで使われていた洗濯表示を海外のものと同じにしました。洗濯表示を国内外で統一することによる利点を考え、文章で説明しなさい。

（2018年　國學院大學久我山）

▶▶問題23 【解答118ページ参照】

次の文を読み、【　　　　　】にあてはまるあなたのアイディアを答えなさい。

「ブームのタピオカドリンクの飲み比べを楽しんでもらいながら、課題となっている容器ごみのポイ捨てを解決しようと、名古屋市中区の大須商店街で8月9日、『大須タピオカサミット』が始まりました。8月25日までの期間中、タピオカドリンクを提供する商店街の16店舗が、ストローを使った投票で人気を競います。商店街ではブームが過熱した今春から、容器ごみのポイ捨てが目立つようになり、缶・ペットボトル用のごみ箱があふれたり、こぼれたタピオカが路面にくっついたりして、問題となっています。」というニュースを読みました。今回は、ストローゴミを減らすアイディアですが、私の大須商店街の環境を良くするためのアイディアは、【　　　　　　　　　　　　　　　　　　　　　】です。

（2020年　名古屋国際中）

▶▶問題24　【解答118ページ参照】

次の文中の［　　　　］にあてはまる内容を答えなさい。

> AIとは、膨大なデータをもとにコンピュータが状況に応じて自ら判断をする最先端の技術です。私たちの身近なところでも既に実用化が進んでいます。例えば医療の現場です。病気や異常がないかを見つけるため、膨大な数の画像診断をすることがあります。この作業を人間が行うと、どうしても［　　　　　　　　］ということが起こり得るので、AIを利用することで、高い成果を上げている例もあります。
>
> このようにAIが人間に取って代わることがありうる、といわれています。

（2020年　鷗友学園女子）

▶▶問題25 【解答119ページ参照】

「シンギュラリティ」という言葉があります。AIが人間の知能を超えるとされる転換点のことです。この到来を2045年と予想している人もいる一方で、「シンギュラリティ」は起こらないという人もいます。

「シンギュラリティ」は起こらないと考える人は、なぜ、そのように考えるのでしょうか。AIにとって不得意であり、人間にとって得意だと思われることに触れながら、答えなさい。

（2020年　鷗友学園女子）

▶▶問題26 【解答119ページ参照】

ロボット工学やAIの発達によって、今後どのように社会が変化していくと推測しますか。あなたの考えを具体的に説明しなさい。

（2020年　世田谷学園）

▶▶問題27 【解答120ページ参照】

イチゴを使った6次産業について具体的に答えなさい。

（2020年　筑波大附属中）

▶▶問題28　【解答120ページ参照】

過疎などの地域で新たな雇用を生むために注目されているのが「6次産業化」という手法である。マグロを使った6次産業化の例をあげて説明しなさい。

（2018年　公文国際学園中等部）

▶▶問題29　【解答121ページ参照】

(1) 通常の個室より広い空間を有する多機能（「多目的」）トイレの設置が広がっています。このトイレの広さと設置されている主な機能の両面から考えて、想定されている利用対象者の具体例をあげなさい。

(2) 多機能トイレの多くは、男女共用トイレとして男性トイレと女性トイレとは別に設置されています。多機能トイレを必要としている人の中には、男女別ではなく、男女共用トイレを希望する人も多いようです。多機能トイレを必要としている人が男女共用トイレを希望する理由を考えて、文章で説明しなさい。

(3) 水や電気を使わないトイレの研究も企業では行われています。このトイレはどのような場合に有効だと考えられますか。以下の条件をふまえて答えなさい。

・水不足に関することは除きます。
・水道代や電気代などの費用に関することは除きます。
・水道管や電線などが整備されていない地域に関することは除きます。

（2020年　渋谷教育学園幕張・國學院大學久我山）

▶▶問題30　【解答122ページ参照】

家族旅行で三重県から北海道に行くことになりましたが、4人の意見が異なりました。あなたは4人の中でどの人の考えに賛成しますか。その理由・考えを述べなさい。

【お父さんの考え】	せっかくキャンピングカーを買ったのだから、高速道路を使って車で行きたいな。サービスエリアで食べられる地元の料理も楽しみだし。
【お母さんの考え】	名古屋から苫小牧まで船が出ているの。海の旅はきっとステキね～。お父さんの車も船に載せられるから、北海道の移動は心配ないわ。
【お姉さんの考え】	北海道行きの臨時のブルートレインが出るそうよ。まだ切符は買えるから急がなくちゃ。夜汽車の旅ってロマンチックな感じだね。
【お兄さんの考え】	セントレア（中部国際空港）から飛行機で行こうよ。まだ飛行機乗ったことないんだ。2時間で北海道に到着するよ。北海道ではレンタカーを借りようよ。

（2019年　海星中学（三重））

—第3章—

歴史分野

▶▶問題1　【解答123ページ参照】

弥生時代に村どうしの争いがあったことが推測できるのはなぜですか。その理由となる集落の特ちょうを説明しなさい。

（2020年　品川女子学院）

▶▶問題2　【解答123ページ参照】

平城京について、知っていることをできるだけ多く、述べなさい。

（2018年　清泉女学院）

▶▶問題3　【解答123ページ参照】

近年の発掘によって、藤原良房の弟である藤原良相（813—867年）という人物の邸宅跡から、墨で仮名文字を記した良相の時期の土器が発見されました。

藤原良相の邸宅跡での発見が、なぜ「かつての理解の修正」を裏付けることになるのですか。

（2019年　渋谷教育学園幕張）

▶▶問題４　【解答 124 ページ参照】

次の文章は日本国憲法第二十条です。

1　信教の自由は、何人に対してもこれを保障する。いかなる宗教団体も、国から特権を受け、又は政治上の権力を行使してはならない。

2　何人も、宗教上の行為、祝典、儀式又は行事に参加することを強制されない。

3　国及びその機関は、宗教教育その他いかなる宗教的活動もしてはならない。

この条文に見られるような政治と宗教の関係についての考え方は、近代以降多くの国々で憲法の条文として規定されるようになりました。それ以前の奈良時代の日本の支配者は、宗教をどのように取り扱っていましたか。具体例をあげながら、上記の日本国憲法の条文で示されている内容との違いを具体的に述べなさい。

（2020 年　広尾学園）

▶▶問題5

【解答 124 ページ参照】

瀬戸内海は古くから海難事故が多かった地域でした。平清盛は瀬戸内海での航海の安全を祈って厳島神社を建てました。平清盛にとって瀬戸内海の航海がなぜ重要だったのか、《地図》のA地点の役割にふれて、説明しなさい。

《地図》

（2018 年　海城中）

▶▶問題6

【解答 124 ページ参照】

豊臣秀吉が大阪に城を築いた理由を説明しなさい。

（2020 年　田園調布学園）

▶▶問題7　　【解答125ページ参照】

参勤交代について江戸幕府は、３代将軍のときに出した武家諸法度の中で次のように定めています。

※もとの史料を現代文に改め、内容も分かりやすく直しています。

> 大名が国元（領国）と江戸とを交代するよう定めるものである。毎年夏の４月中に江戸に参勤すべきである。従者の人数が最近大変多い。領国の支配の上での無駄であり、領民の負担である。今後、分相応に従者の人数を減らすべきである。…

江戸幕府が参勤交代の制度を設けた目的の一つとして、「移動や宿泊などの出費により大名の財政を圧迫すること」があげられることもありますが、上記の引用文を読むとどうやら違うようです。どうして間違いだといえるのか、引用文に基づいて説明しなさい。

（2018年　渋谷教育学園幕張　改）

▶▶問題8　　【解答125ページ参照】

「地租改正」以前の政府の収入が不安定だった理由を答えなさい。

（2018年　成蹊中）

▶▶問題９ 【解答 125 ページ参照】

ナイル川流域では次の〔地図〕のようにアスワンハイダムが建設されたことで、様々な問題が生じるようになりました。あとの【資料１】・【資料２】を参考にして生じた問題を説明しなさい。

〔地図〕

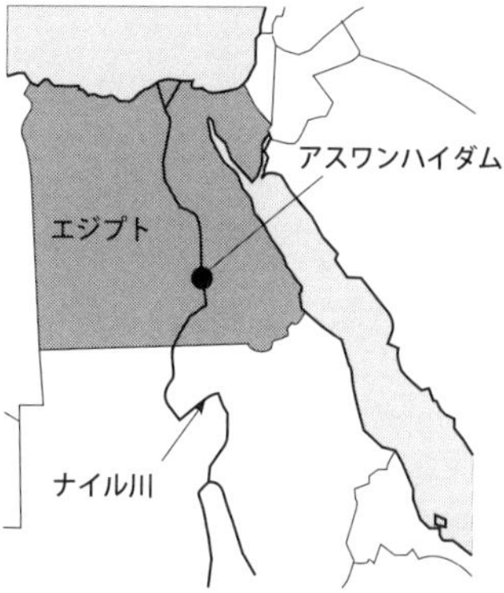

【資料１】 ギリシャの歴史家ヘロドトスは、エジプト文明はナイル川が運ぶ土砂の恩恵をうけたことを「エジプトはナイルのたまもの」と表現した。この当時のナイル川は毎年７月～ 10 月に増水して、土に含まれた塩分を洗い流すのと同時に、上流から栄養を多く含んだ質の良い土砂を運ぶ役割を果たしていた。

【資料２】 1960 年代にエジプト政府がアスワンハイダムの建設を始めた目的は、ナイル川の治水、河川水を利用した水力発電、そして農業用水の確保などであった。

（2020 年　世田谷学園）

▶▶問題10　　【解答126ページ参照】

明治時代には多くの外国人が来日しました。モースやベルツが書いた文章の一部を分かりやすくした次の①・②を読んで、あとの問いに答えなさい。

①自分の国で道徳的教訓の重荷になっている善い徳や品性を、日本人は生まれながらに持っているらしいことである。（中略）行いの礼儀正しさ、他人の感情に対する思いやり…これらに恵まれた階級の人々ばかりでなく、貧しい人々も持っている性質である。

（モース『日本その日その日』より）

②政府は訓令を出して、政治その他に関する公開演説を行うことを、すべての役人に許可した。（中略）ところで、現在の役人の多くは、まだ十分に西洋思想を理解していない人たちであるから、国民に対して新しい考えを教えるというよりも、心を乱し混乱を生むことになるだろう。

（ベルツ『ベルツの日記』より）

(1) ①モースと②ベルツがそれぞれどのように日本人をとらえているか、この部分から読み取れる日本人に対する見方を、それぞれの違いに注目して、簡潔に説明しなさい。

（2）あなた自身が、明治時代に海外から来た香蘭女学校の先生だとしたら、[1]と[2]のどちらの立場に立って、どのような教育をしたいと考えますか。どちらの立場に立つか、番号を記し、自分の考えを述べなさい。

（2019年　香蘭女学校）

▶▶問題11　【解答126ページ参照】

日本が戦争における加害者の面と被害者の面の両方があるとはどのようなことですか。

（2019年　東洋英和女学院）

▶▶問題12　【解答127ページ参照】

戦後の復興期から高度経済成長期にかけて、都市部を中心に洋服が広まりました。なぜ洋服が人びとに支持されたのでしょうか。時代の様子を考えて答えなさい。

（2020年　麻布中）

▶▶問題13　【解答127ページ参照】

日本の歴史を振り返ってみると、下の各文にあるように、独裁によって政治がうまく行われていた事例もまれに見られます。しかし、今日の社会においては、独裁政治を支持する意見はほとんどないといってよいでしょう。独裁政治にはどのような問題があるのでしょうか。下の各文を参考にして、どのような場合に独裁政治が問題となるのか説明しなさい。

・鎌倉幕府をつくった源頼朝は、公平・公正にあらゆる判断を行い、家臣たちから絶大な信頼を得ていたといわれている。
・戦国大名の武田信玄が作った法律には、信玄がその法律に違反していると思ったときには遠慮なく指摘するように人々に求める条文がある。

（2020年　大妻多摩中）

▶▶問題 14 【解答 128 ページ参照】

「海を渡ってきた人たち」は、日本にやってきた外国人で、政治や文化や宗教に影響を与えた人物のことを指している。あなたなら誰を紹介するか。下の表を完成させなさい。ただし、時代は奈良時代から明治時代までとし、説明・業績は簡単にまとめること。

人名	時代	説明・業績

（2018 年　公文国際学園中等部）

▶▶問題 15 【解答 129 ページ参照】

世界に影響を与えた歴史上の日本人をあげ、その人物がなぜ歴史に名を残すことになったと思うかを、その人物が行ったことをふまえて具体的に説明しなさい。

（2018 年　文化学園大学杉並）

▶▶問題16 【解答129ページ参照】

次のカードは歴史の大きな転換点となるできごとを、4枚のカードにまとめてみた。A～Dのカード以外にもう1枚作るとしたら、あなたはどのできごとを取り上げますか。あなたが考えるカードを1枚作りなさい。

A【関ヶ原の戦い】	B【承久の乱】
豊臣秀吉の死後、多くの大名を味方につけ、自分に反対する大名たちを破って全国支配を確実にしました。	朝廷は幕府をたおす命令を全国に出しましたが、結集した武士たちは朝廷を打ち破りました。
C【日露戦争】	D【大化の改新】
朝鮮をめぐって日本とロシアの対立が深まっていき、大きな戦争となりましたが、日本は何とか勝利しました。	蘇我氏をたおし、中国で学んできた留学生とともに、天皇を中心とする新しい国づくりを始めました。

（2020年　岡山中）

▶▶問題17　　　　　　　　　　　　　　　【解答130ページ参照】

歴史的事物や文化を取り扱う大英博物館において「マンガ展」が行われたことに現地メディアで賛否が分かれた。このうち「大英博物館でマンガ展を開くことに反対する意見」として考えられることを、「大英博物館は、」に続く形で説明しなさい。

（2020年　公文国際学園中等部）

▶▶問題18　　　　　　　　　　　　　　　【解答130ページ参照】

あなたは、平成がどのような時代であったと思いますか。下の文章の空らん[A]・[B]にあてはまる言葉を自分で、意味が通るように記述しなさい。答える際に、必ず後の注意事項を読んでください。

「私は平成とは、[A]時代だと考えます。そのように考えた理由は、[B]からです。」

〈注意事項〉

（1）[B]には、日本や国際社会で平成の時代に起きたできごとを必ず記述してください。

（2）[B]には、あなた自身の個人的なできことを記述してはいけません。

（2019年　順天中）

▶▶問題19　　　　　　　　　　　　　　【解答131ページ参照】

次に示した言葉が答えとなるように、指定された２つ以上の語句を使い、ふさわしい問題を作りなさい。

＜例題＞アベノミクス

　語句　　安倍晋三　・　円高の是正　・　デフレ脱却

解答の例（どちらでもよい）

・安倍晋三首相が打ち出した、デフレ脱却のための政策を何といいますか。

・円高の是正などを目標とした、積極的な経済政策のことを、安倍晋三の名前からとって何と呼びますか。

＜問題＞　津田梅子

　語句　　女子留学生　・　アメリカ　・　5000円札

（2020年　札幌聖心女子学院中）

▶▶問題20 【解答131ページ参照】

あなたはタイムマシンに乗って、明治時代初期の日本を調査する旅に出かけることになった。米沢平野ではいろいろな種類の作物がとれているので、この地域内のどのような場所で何が栽培されているかを調べて、「作物栽培の分布マップ」を作りたいと思う。あなたがこの旅で、調査に役立つものを現代から１つ持っていくとしたら何を持って出かけるか。選んだ理由とともに説明しなさい。なお、持っていくものは現在の世の中に存在するものなら何でも構わないが、大きさは手に持てる程度のものとする。

（2019年　公文国際学園中等部）

—第4章—
公民分野

▶▶問題1　【解答132ページ参照】

次の表を見て以下の問いに答えなさい。

	20世紀後半	21世紀初めから現在まで	今後の課題
核兵器	冷戦中に大量生産された核兵器を減らすことを目指す条約が結ばれた。	核兵器をめぐる議論が続き、国連で核兵器を禁止する条約が採択された。	

日本の政治は、日本国憲法に基づいて行われています。次に引用した憲法の前文の一部をふまえて、日本が今後どのようなことを目指していったらよいか考え、表の太線で囲んだ部分に入る文を書きなさい。

> われらは、全世界の国民が、ひとしく恐怖と欠乏から免かれ、平和のうちに生存する権利を有することを確認する。

（2020年　雙葉中）

▶▶問題 2 【解答 132 ページ参照】

教育を受ける権利は、なぜだれもが保障されなければならない基本的人権ととらえられるのですか。あなたの考えを書きなさい。

（2020 年　フェリス女学院）

▶▶問題 3 【解答 133 ページ参照】

「法律」と「憲法」は、まちがいに歯止めをかける国のルールであることは共通していますが、歯止めをかける相手が違っています。その違いを書きなさい。

（2018 年　捜真女学校）

▶▶問題 4 【解答 133 ページ参照】

「開かれた」「分かりやすい」国会について。小学生に対して「開かれた」「分かりやすい」国会を作るためにどのような方法があるか、自分なりの工夫やアイディアを考え、答えなさい。

（2018 年　名古屋国際中）

▶▶問題5　【解答134ページ参照】

(1) 候補者をできるだけ男女均等にすることを目指す「候補者男女均等法」についてあなたは賛成ですか、反対ですか。あなたの考えを、その理由をふくめて述べなさい。

(2)「女性の議員が増えると、多様な声が政治に活かされるといわれています。」について、政治でどのようなことが行われると期待されていますか。具体的に答えなさい。

(2019年　大妻多摩中・法政大中)

▶▶問題6　【解答135ページ参照】

クラスで、「もし、税金を納める義務がなくなったらどのような問題が起こるだろうか？」という「問い」を立てて議論し合いました。この「問い」に対してあなたはどのように答えますか。税金がどのようなことに使われているのかをふまえて答えなさい。

(2020年　大妻多摩中)

▶▶問題7 【解答 135 ページ参照】

ふるさと納税の様々な問題として、寄付金に対する返礼品が豪華すぎることや、金券などお金に代わるものがあることなどがあげられます。返礼品を目当てに利用する人が増えてるのではないか、という意見があるからです。

しかし、温泉地として有名な群馬県草津町は、返礼品として「感謝券」を贈っています。これは､町内の旅館やホテル、飲食店でお金と同じように使うことができます。

草津町がこのような返礼品を贈ることを支持する立場に立ち、支持する理由を答えなさい。

（2018 年　鷗友学園女子）

▶▶問題8 【解答 136 ページ参照】

インターネット上で法案の可否を国民が投票する仕組みの長所と短所をそれぞれ説明しなさい。

（2019 年　公文国際学園中等部）

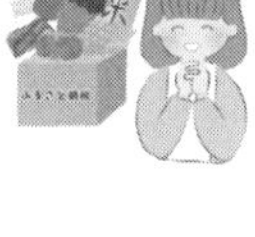

▶▶問題９　　　　　　　　　　【解答 137 ～ 138 ページ参照】

次のア～ウの３つの政治的な課題は、以下のＡ～Ｃのうち、どの方法で決めるべきだと、あなたは考えますか。どれか１つの課題を選んで、あなたの考えを解答らんに合うように答えなさい。

ア：核兵器禁止条約の批准
イ：原子力発電所の全廃
ウ：消費税増税の決断

Ａ：大きな権力をもつ人１人がすべてを決めるやり方（専制主義）。
Ｂ：代表者を選び、その人たちの決定に従うやり方（間接民主制）。
Ｃ：個別の事柄について一人一人が賛成か反対かを表すやり方（直接民主制）。

（2018 年　茗渓学園）

▶▶問題10　【解答138ページ参照】

支持する政党のない人たちが増えている。この理由について、あなたの考えを述べなさい。

（2019年　学習院女子中等科）

▶▶問題11　【解答139ページ参照】

単独の政党が長い期間、与党であり続けると問題が起こりやすくなると言われる。どのような問題が起こるのか説明しなさい。

（2019年　学習院女子中等科）

▶▶問題12 【解答139ページ参照】

選挙について学習した花子さんのクラスでは、「日本は選挙で投票に行かなかった人に罰金を設けるべきである」という論題で、下のようなルールで討論会を行うことになりました。

〈ルール〉

●賛成側と反対側に分かれています。

●自分の意見に関係なく、賛成側と反対側に分かれます。

●賛成側・反対側はそれぞれの立場で主張や反論を行い、説得力があると判定されたほうを勝ちとします。

〈賛成側の主張〉

私たちは「日本は選挙で投票に行かなかった人に罰金を設けるべきである」ことに賛成です。理由は次の３つです。 ①　投票率が下がると、国民の意見が反映されません。 ②　投票日に行けない人のための制度があるのだから、当日用事があったからという理由で選挙に行かないのはおかしいと思います。 ③　オーストラリアでは投票を義務づけていて、罰金制度があるので投票率があがったそうです。だから、日本でもやるべきです。

あなたは反対側の立場です。この賛成側の主張を受けて、あなたはどの部分に対してどのような反論をしますか。賛成側の①～③の３つの理由の中から一つを選び、それについての反対側としての反論を書きなさい。ただし、①～③のどの理由を選んでもかまいません。

（2019年　横浜雙葉）

▶▶問題13 【解答140ページ参照】

平成27年6月17日に選挙権年齢を20歳以上から18歳以上に引き下げる「改正公職選挙法」が参議院本会議で可決され、成立しました。しかし、平成26年衆議院議員選挙における年代別投票率（総務省調べ）によると20歳代の投票率は年代別で最も低くなっています。少子高齢化の進んでいる日本において、これからの社会を担うことになる若い世代の意見はより重要です。

そのため、中学・高校時代に「政治参加意識」を高めるための学習は大切と考えられます。もし、あなたが中学校の先生だとしたら、中学生の「政治参加意識」を高めるためにどんなことをしますか、書きなさい。

（2018年　大宮開成）

▶▶問題14 【解答140ページ参照】

死刑を存続するべきだという考え方にはどのような理由がありますか。その例を考えて答えなさい。

（2018年　日本工業大学駒場）

▶▶問題15　【解答141ページ参照】

以下の文章を参考に、あなたは裁判員になりたいですか。なりたいか、なりたくないか、のいずれかを選んでその理由を具体的に述べなさい。

> 裁判員制度によって、司法に対する国民の関心は高まったと言えるでしょう。国民は、社会を構成する者としての役割を担うことになり、社会常識と大きく異なるような判決を防ぐことができ、裁判員制度に対する人々の信頼が得られます。また、それまで難しそうだと考えられて、なかなか関心を持たれなかった裁判への親近感がわきます。また、ふだんは違う仕事についている国民が裁判員になることによって、裁判の日数や時間が短縮され、それにともなって費用も少なくて済むようになります。さらに、国民が裁判に参加することで、裁判の判決に世論が反映されるとも言われています。
>
> しかし、裁判員制度には、問題点も指摘されています。例えば、裁判員となる国民は、裁判の期間中仕事をすることができません。裁判で人を裁くことに精神的負担を感じる人もいるでしょう。また、裁判員には、裁判終了後も、裁判の過程などを他の人に話してはいけないという義務も課されています。さらに、一般の国民は裁判官に比べてマスメディアの報道の内容によって事件を判断してしまう可能性が高くなると言われています。
>
> そのために、無実の人を有罪にしてしまう、いわゆるえん罪を引き起こす危険性も考えられます。

（2020年　普連土学園）

▶▶問題16　【解答141ページ参照】

あなたなら北海道でどのような行政サービスを行い、北海道の経済の活性化を図りますか。北海道の地形・歴史的特徴などをふまえて答えなさい。

（2018年　学習院女子中等科）

▶▶問題17　【解答142ページ参照】

株式会社には、「株式」というものを発行して、会社を応援してくれる人などに株式を買ってもらう仕組みがあります。

会社を経営する人にとって、このような仕組みには、どのような経済的な利点（長所）があると考えられますか。簡単に説明しなさい。

（2020年　中央大学附属中）

▶▶問題18　【解答142ページ参照】

塩の専売が始まった1905年には「塩税」という塩の価格に上乗せされるよう税が課されていました。塩税は、現在における消費税や酒税・たばこ税と同じような間接税にあたります。間接税の欠点を、分かりやすく説明しなさい。

（2020年　開智（埼玉））

▶▶問題19　【解答142ページ参照】

国や東京都は、社会における様々なバリアフリー化の推進・整備を図っています。バリアフリー化の推進のためには、具体的にどのようなことを行えば良いですか。あなたの考えを答えなさい。

（2018年　足立学園）

▶▶問題20　【解答143ページ参照】

もし、あなたが内閣総理大臣になったら、もっと女性が社会に進出するためにどのような政策を作りますか。具体的な例をあげて、説明しなさい。

（2018年　東京女学館）

▶▶問題21　【解答143ページ参照】

政府と民間企業が合同で行う「農業女子プロジェクト」というものがあります。このプロジェクトでは「女性が輝く社会」を目指しています。「女性が輝く社会」とはどのような社会か。あなたの考えを述べなさい。

（2018年　中村中）

▶▶問題22　【解答144ページ参照】

総務省の調査によれば、わが国の総人口は2015年以降、ゆるやかに減少しており、一方で、65歳以上の高齢化率（65歳以上の人口が総人口に占める割合）はしだいに増加しています。2015年10月1日時点での65歳以上の人口は約3376万人で、総人口に占める割合は26.7%です。

こうした高齢社会の到来の中で，高齢者にとって住みやすい町を作るためには、どのような工夫をすればよいでしょうか。あなたのアイディアを答えなさい。

（2018年　多摩大学附属聖ヶ丘中学校）

▶▶問題23　【解答144ページ参照】

ブラック企業とよばれ、過労死が起こることで批判される企業もあります。このような企業にはどのような問題点があると思いますか。簡単に説明しなさい。

（2019年　大妻多摩中）

▶▶問題24　【解答145ページ参照】

非正規雇用者は正規雇用者に比べて、どのようなところが不利だと言われていますか。

（2018年　東京女学館）

▶▶問題25　【解答145ページ参照】

企業は仕事と子育ての両立のためにどのような対策を行っているか。具体例をあげて説明しなさい。

（2018年　駒込中）

▶▶問題26　【解答146ページ参照】

ある研究者によると、みなさんが将来職業につく頃には「今はない職業につく人が65%いる」、「10～20年後には今ある職業の40%ほどがなくなっている」、とも言われています。あなたはどのような職業がなくなっていると考えますか。理由を示して答えなさい。

（2018年　東京女学館）

▶▶問題27　【解答146ページ参照】

消費者が便利さを追求することによって、人々の働き方に関する問題が引き起こされると考えられます。この問題とはどのようなことですか、以下の語句を用いて説明しなさい。

［語句］　少子化　24時間営業

（2018年　市川中）

▶▶問題28 【解答147ページ参照】

雇用について、あなたが企業の社長であり、新しい人を採用する面接をしています。あなたがその人を採用するときに最も重要だと考えることを以下の中から1つ選び、その理由を答えなさい。

［選択肢］

・出身大学などの高い学力　・資格や免許　・健康や体力
・英語力や海外経験　・コミュニケーション力　・スポーツ経験

（2018年　名古屋国際中）

▶▶問題29 【解答148ページ参照】

近年、日本ではベーシックインカム（最低所得保障）を導入すべきかどうか、議論されています。ベーシックインカムとは、すべての国民に、生活のための決まった額のお金を国が支給する制度のことです。この制度を導入することのメリットについて説明しなさい。

（2019年　江戸川学園取手）

▶▶問題 30　【解答 148 ページ参照】

日本でカジノが解禁されることで社会にどのような影響が起こるか、考えられることを書きなさい。

（2019 年　日本大学第三）

▶▶問題 31　【解答 149 ページ参照】

多くの人は、お金を「使う」か「ためる」のどちらかの目的のために持っています。ただ、現在において「ためる」ことを選んでいる人も、将来的に「使う」ことを考えている可能性は高いと言えます。あなたはこの日本において長く生きていくとして、どのようなことに備えて「お金をためておくべき」と考えますか。日本の社会の現状や将来をふまえて答えなさい。

（2020 年　桜美林中）

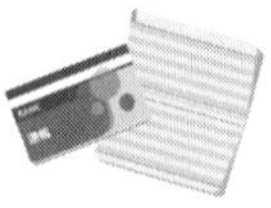

▶▶問題32　【解答149ページ参照】

写真のような家屋の多くは、住居としても使われている。世界文化遺産に登録された後、この集落の近くには高速道路のインターチェンジができた。その結果、地域に与えた良い影響と悪い影響をそれぞれ答えなさい。

※写真は筆者撮影

（2020年　早稲田高等学院・公文国際学園中等部）

▶▶問題33　【解答149ページ参照】

歴史の中で育まれ、受け継がれてきた文化として、能や茶道、年中行事や冠婚葬祭などがある。これらを伝統文化という。この伝統文化の継承に注目すると、伝統文化のにない手が減っていることがある。この原因として何が考えられるか簡単に答えなさい。

（2020年　東洋大学附属牛久中）

▶▶問題34　【解答150ページ参照】

みなさんが、「21世紀デザイン切手」を新たに作るとしたら、どのような出来事をとりあげますか。2001年から2017年までの出来事をあげて、その理由を述べなさい。

（2018年　田園調布学園）

▶▶問題35　【解答150ページ参照】

これまで衣服や身につけるものについて当然だと考えられてきたことでも、近年疑問を持たれるようになっているものがあります。どのようなものがありますか。具体例をあげて説明しなさい。

（2020年　麻布中）

▶▶問題36　【解答151ページ参照】

衣服はその社会を映し出す鏡とも言えますが、衣服によって日本の社会のどのような特徴が分かりますか。具体例をあげて答えなさい。

（2020年　麻布中）

―第５章―
国際社会

▶▶問題１　　【解答 152 ページ参照】

国連は、2017 年に核兵器の使用や保有などを禁じる「核兵器禁止条約」を採択しました。しかし、日本政府はこの枠組みに参加しないことを表明しました。あなたは、この日本政府の表明に賛成ですか。反対ですか。その理由もあわせて書きなさい。

（2019 年　大宮開成・晃華学園）

▶▶問題２　　【解答 152 ページ参照】

欧米人が日本の家庭を初めて訪れたとしたら、どのようなことにおどろくと思いますか。欧米との違いをふまえて答えなさい。

（2018 年　國學院大學久我山）

▶▶問題３　　【解答 153 ページ参照】

訪日外国人旅行者が路線バスに乗車した場合、運賃を支払う際に困ると考えられることを答えなさい。ただし、運転手と言葉が通じにくいなどコミュニケーションの問題や紙幣・硬貨の両替に関することは除きます。

（2020 年　渋谷教育学園幕張）

▶▶問題４　【解答 153 ページ参照】

日本を訪れる外国人観光客に対して、あなたができる「おもてなし」を、具体的に答えなさい。

（2019 年　慶應義塾中等部）

▶▶問題５　【解答 154 ページ参照】

あなたは日本にあるラーメン屋の店主だとします。海外からの観光客を迎え入れるうえで、どのような工夫が必要だと思いますか。具体的にあなたの考えを述べなさい。

（2020 年　東京女学館）

▶▶問題 6 【解答 155 ページ参照】

駒場太郎君の同級生のヨシオ君は、サウジアラビア生まれです。サウジアラビアの宗教はイスラム教です。ヨシオ君の家族は、熱心なイスラム教徒です。ヨシオ君は小学 5 年生のときお母さんの出身国である日本にやってきて、現在は太郎君と楽しく学校生活を送っています。

サウジアラビアの小学校の時間割（例）

	土曜日	日曜日	月曜日	火曜日	水曜日
主な科目	コーラン 算数 アラビア語 英語 社会	コーラン 算数 英語 アラビア語 体育	アラビア語 美術 コーラン 理科 英語	理科 英語 アラビア語 コーラン 算数	コーラン 算数 アラビア語 英語 社会

太郎君が通う公立小学校の時間割（例）

	1 時間目	2 時間目	3 時間目	4 時間目	5 時間目	6 時間目
金曜日の時間割	算数	体育	国語	理科	社会	音楽

1月31日金曜日の給食献立

とんかつ、千切りキャベツ、かぶのみりん漬け、麦ごはん、チキンスープ

上の例にあるような太郎君の小学校生活で、ヨシオ君がイスラムの教えや習慣との違いで、とまどうこともあります。サウジアラビアと日本の小学校の時間割や給食献立をもとに、言葉の違い以外で、具体的に説明しなさい。

（2020年　駒場東邦）

▶▶問題7　【解答155ページ参照】

短期的な旅行ではない、国境を越える人間の移動は、近年も世界の各地で発生し、議論を引き起こす場合があります。あなたの知っている例を紹介し、説明しなさい。

（2019年　武蔵中）

▶▶問題8　【解答156ページ参照】

難民を日本でももっとたくさん受け入れるべきだという意見があります。命がけで逃げてきた人たちを保護することは、その人の国籍や民族に関係なく平等に大切だという考えからです。一方で、このような人たちを受け入れるべきではないという意見もあります。受け入れに反対する意見はどのような理由によるものか説明しなさい。

（2018年　麹町女子）

▶▶問題９　　【解答 157 ページ参照】

「すべての外国人は日本人と同じ条件で、あらゆる業種に就く機会を得られる」と法律を改正すれば、外国人労働者が増えると考えられます。この改正に対する賛成意見と反対意見にはどのようなものがあげられるか考え、説明しなさい。ただし、日本の社会や企業にどのようなメリット・デメリットがあるかに関して答えること。

（2019 年　大妻中）

▶▶問題10 【解答158ページ参照】

下の表は日本に居住している外国人（在留外国人）の数を都道府県別にまとめたものである。この表から分かる社会問題についてあなたの考えを述べなさい。

北海道	栃木県	石川県	滋賀県	岡山県	佐賀県
32408	39896	13877	27375	25944	5755
青森県	群馬県	福井県	京都府	広島県	長崎県
5121	55137	13842	57639	49068	10218
岩手県	埼玉県	山梨県	大阪府	山口県	熊本県
6627	167245	15636	228474	15566	13582
宮城県	千葉県	長野県	兵庫県	徳島県	大分県
20405	146318	34142	105613	5639	12023
秋田県	東京都	岐阜県	奈良県	香川県	宮崎県
3793	537502	51029	11921	11636	5783
山形県	神奈川県	静岡県	和歌山県	愛媛県	鹿児島県
6723	204487	85998	6407	11745	9101
福島県	新潟県	愛知県	鳥取県	高知県	沖縄県
12977	15859	242978	4385	4332	15847
茨城県	富山県	三重県	島根県	福岡県	
63491	16948	49178	8041	72039	

法務省「平成29年末現在における在留外国人数について」より作成
（単位　人）

（2019年　学習院女子中等科）

▶▶問題11 【解答158ページ参照】

外国人との共生社会を実現するために必要なことは何ですか。長時間・低賃金という労働環境の改善も大切ですが、それ以外の点について自分で考えて、具体的にあげなさい。

（2019年　立教池袋・2020年　田園調布学園）

▶▶問題12 【解答159ページ参照】

ヒトのグローバル化について、少子高齢化が進むわが国では、今後、外国人労働者が増えていくことが見込まれています。それでは、日本で働く外国人が増えると、利益を受けるのはだれでしょうか。受ける利益の内容とあわせて、具体的な例をあげなさい。

（2020年　海陽中等教育）

▶▶問題13 【解答159ページ参照】

ここ数年、日本と韓国の関係はあまり良くないと考えられています。隣合う国同士なので、どうしても利害がぶつかり合うことがあるからです。私たち自身が日韓関係を悪化させないためにどうすることが大切であるか、あなたの考えをまとめなさい。

（2020年　大妻多摩中）

▶▶問題14 【解答160ページ参照】

あなたが、日本と他の国をつなぐためにどのようなことができるか考え、書きなさい。ただし、「本・雑誌を書く」以外で答えること。

（2018年　名古屋国際中）

▶▶問題15 【解答160ページ参照】

大きな戦争を経験して国際社会に復帰した日本は、他国以上に、世界の平和に向けて果たさなければならない責任があるのではないでしょうか。恵泉女学園では「世界に目を向け、平和を実現する女性」になるという教育目標を掲げています。このことをふまえて、あなたが今目を向けている国をあげ、なぜその国に関心を持っているのか、国名とその具体的な理由を述べなさい。

（2018年　恵泉女学園）

▶▶問題16 【解答161ページ参照】

飢餓をなくし、食料の安全確保と栄養状態改善を実現するために、あなた自身ができることを考えて答えなさい。

（2018年　八雲学園）

▶▶問題17　【解答161ページ参照】

2016年の時点で、5歳未満の子ども1億5500万人が発育不良の状態について、このように貧困状態にある子どもたちを救うために、あなたができることを考え、説明しなさい。ただし、説明文は、「なぜ、救うことができるのか」を分かりやすく書きなさい。また、救う方法は、「募金をする、食料を送る」という方法以外で考えなさい。

（2018年　名古屋国際中）

▶▶問題18　【解答162ページ参照】

ファスト・ファッション（低価格で、かつ流行を素早く取り入れた商品を提供すること）の世界的な広がりは社会に様々な問題を生み出しています。どのような問題を生み出しているでしょうか。答えなさい。

（2020年　麻布中）

▶▶問題19 【解答162ページ参照】

下の２つの具体例では、なぜ双方が歩み寄って問題を解決することが難しいのでしょうか。２つの例に共通する理由を述べなさい。

> 【例１】レストランや温泉などで、入れ墨が見えることを理由に入店や入浴が拒否されたことに、外国人観光客から抗議の声があがっている。
>
> 【例２】髪を染めることを禁止する学校の校則に、生徒から反対の声があがっている。

（2020年　麻布中）

▶▶問題20 【解答163ページ参照】

最近の世界での状況をふまえ、日本が行うことができる国際貢献について自分の考えを自由に述べなさい。

（2019年　佼成学園女子）

▶▶問題21　【解答164ページ参照】

Aさんと B さんは、図で示している２つの国があったら、どちらがより幸福かについて話し合っています。会話文中の［　　　　　］の中に入ることばを、自分がBさんになったつもりで考え、書きなさい。ただし、書くときにはAさんの話し方にならい、図の「ことがら」の中の下線部分の語句を使い、数値を比較して説明すること。

会話文

Aさん：	私は(あ)の国がより幸福だと思うな。その理由は、自動車保有数も約４倍多く、消費電力量も８倍近く多いので、色々なものを使って便利な生活をしていそうだからよ。
Bさん：	ぼくは、(い)の国がより幸福だと考えるよ。その理由は、［　　　　　　　　　　］からだよ。

図　あの国といの国の比較

ことがら	あの国	いの国
平均寿命	84.5歳	76.8歳
識字率（注１）	99.0％	81.3％
自動車保有数 （人口100人あたり）	67.8台	16.6台
医師数 （人口100人あたり）	2.3人	4.8人
二酸化炭素排出量 （人口１人あたり）	9.2トン	1.5トン
貿易額（輸出額と輸入額の合計）	１兆5000億ドル	110億ドル
インターネット使用者数 （人口100人あたり）	58.1人	86.3人
消費電力量 （人口１人あたり）	7848kwh（注２）	1043kwh
家計の消費支出額 （人口１人あたり）	21900ドル	4300ドル
総面積に占める自然や文化などの保護区の割合	10.9％	49.5％
海外旅行者出発者数 （人口100人あたり）	18.5人	1.2人
報道の不自由度 （数値が高いほど自由度が低い）	26.02	16.08

（注１）識字率とは、総人口にしめる文字が読めたり書けたりする人の割合。

（注２）kwhは、電力量を示す単位。

（2018年　お茶の水女子大学附属中）

—第6章—

SDGs

※以下の問いは、次の SDGs の目標を参照して答えてください。

▶▶問題 1　　【解答 165 ページ参照】

SDGs の中に「海の豊かさを守ろう」という目標も含まれています。海の豊かさを守るために、私たちは普段の生活の中で何をしたらよいでしょうか。具体的な事例を取り上げながらあなたの考えを述べなさい。

（2020 年　桐光学園）

▶▶問題2 【解答166ページ参照】

滋賀県は琵琶湖を健全な姿で次世代に引き継ぐため、合成洗剤をやめて石けんを使う「石けん運動」を行い、2017年1月、全国に先駆けてSDGsを県政に取り込むことを宣言しました。みなさんがこれまで学習してきた中で、石けん運動以外で、SDGsの考えに沿って湖の環境を守る方法を1つ答えなさい。

※琵琶湖の場合、複数のゴール、多数のターゲットとかかわっていますが、「水」に着目すると、ゴール6（すべての人に水と衛生の利用可能性と持続可能な管理を確保する），ゴール14（海洋と海洋資源を持続可能な開発に向けて保全し、持続可能な形で利用する）があげられます。

（2020年　実践女子学園）

▶▶問題3 【解答167～168ページ参照】

さいたま市は2019年に「～誰もが住んでいることを誇りに思える都市へ～」をスローガンにして、「SDGs未来都市」に選定されました。では、さいたま市に限らず、あなたが住んでいる都市が「誇りに思える都市」になるために、あなたはどんなことができますか。SDGsの17の目標から1つ選び、その目標に対して、「誇りに思える都市」になるためにあなたができることを分かりやすく説明しなさい。

（2020年　開智（埼玉））

▶▶問題４ 【解答 169 ページ参照】

あなたがチンパンジーの森をふくめ、森林の減少を防ぐためにできることは何ですか。SDGs の 17 の目標の中から関連する項目を１つ選び、具体的な取り組みについて述べなさい。

（2019 年　文教大学付属）

▶▶問題５ 【解答 170 ページ参照】

地球の問題に対して、私たちが実行できる例として「古い電気機器を新しいものに買い替える」ということがあります。なぜそれが SDGs を達成することにつながるのですか。達成できる番号を書き、説明しなさい。

（2020 年　清泉女学院）

▶▶問題６　　　　　　　【解答 171 ～ 172 ページ参照】

SDGs への取り組みは、震災復興に大きく貢献できると考えられています。

そこで、みなさんは東北地方の自然、文化、産業、人々をイメージして、以下の SDGs の７つの目標であるア～キから１つを選び、その目標の中でそれらを 2030 年までにどのように発展させられるかを、解答の方法にしたがって説明してもらいます。

７つの目標	
ア	飢餓（食べ物がなくてうえること）をゼロに。
イ	すべての人に健康と福祉を。
ウ	働きがいも経済成長も。
エ	産業と技術革新の基盤をつくろう。
オ	住み続けられるまちづくりを。
カ	海の豊かさを守ろう。
キ	陸の豊かさも守ろう。

（解答の方法）

解答例を参考にア～キから１つ選び、会社もしくは団体を主語にして答えること。また、持続的に開発・発展させるものに下線を引くこと。

アを選んだ例（食品会社が主語）

食品会社が、食の安全を確保しながら、東北地方で大量に生産されているおいしいお米とおつけ物を使った伝統的な食文化の維持、発展、さらには世界に広げることを目標とする。

カを選んだ例（漁業組合が主語）

漁業組合が、東北地方で有名な、カキ、ホタテ、コンブの養殖において，海をよごさない、永続的に養殖を続けることができる画期的な漁法を獲得することを目標とする。

（2020 年　実践女子学園）

―第7章―

AL問題

▶▶問題1　　【解答173ページ参照】

次の写真は静岡県の海岸近くで見られる建造物で、写真Aも写真Bも津波から人々を守るために作られたものです。AとBを比較して、Aの利点を説明しなさい。

写真A

写真B

※写真は筆者撮影

（2020年　桜蔭中）

▶▶問題２ 【解答 174 ～ 175 ページ参照】

次のグラフは 1965 年～ 2015 年までの日本の人口に関するものである。これについて以下の問いに答えなさい。

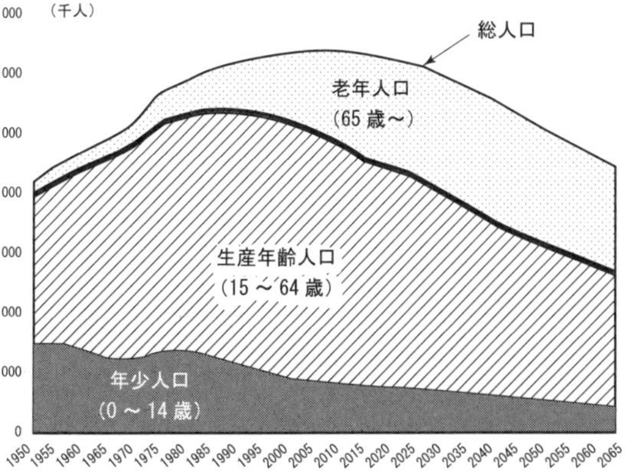

出典：国立社会保障・人口問題研究所ホームページ （http://www.ipss.go.jp/）

(1) このグラフから分かる特徴を答えなさい。

(2) グラフから、将来どのような問題が心配されるか、答えなさい。

(3) (2) であげた問題の対策として考えられるものを説明しなさい。

（2020 年 浅野中・白百合学園 改）

▶▶問題３

【解答 176 ページ参照】

先生は「日本における第一次産業と高齢化の問題点をあげ、その解決方法について考えよう」という課題を出しました。日本の第一次産業の高齢化の原因の１つに「後継者不足」があげられます。第一次産業において後継者不足となっている理由と、その解決策を考えて答えなさい。

（2019 年　栄東）

▶▶問題４

【解答 177 ページ参照】

以下の表を参考にして、あなたが自動車を選ぶ場合はどちらを選ぶか、両方を比較した上で、選んだ理由とともに説明しなさい。

自動車	走行距離	広島県内給油（充電）場所	二酸化炭素排出量	給油（充電）時間	500km 当たりの燃料（電気代）
ガソリン車	約 600km	822 箇所	１kmで 97ｇ	約 10 分	約 5000 円（１L：150円で計算）
電気自動車	約 400km	130 箇所	排出しない	急速充電：約 40 分 普通充電：約８時間	約 2000 円（１kWh：25 円で計算）

（2019 年　広島新庄）

▶▶問題５ 【解答 178 ページ参照】

Ｋ先生は、衣類乾燥機を手放してから、資料のように家事の方法を工夫することにより衣類乾燥機を使っていたころよりも利点があると感じているようです。もし、あなたが家にある家電製品を１つ手放すとしたら、どのように家事を工夫しますか。手放そうと思う家電製品を１つあげ、資料を参考に家事の方法や工夫、それによる利点を説明しなさい。

●資料　衣類乾燥機を手放したあとのＫ先生の家事の方法や工夫と利点

家電製品	家事の方法や工夫	利点
衣類乾燥機	・衣類のしわをのばして外に干す。 ・厚手のバスタオルなど乾きにくい衣類を使わない。	・アイロンがけの手間が省ける。 ・乾燥にかかる時間が減る。

（2018 年　國學院大學久我山）

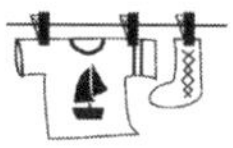

▶▶問題6 【解答179ページ参照】

表1・2は、東京都内のある市（以下、「A市」とする）の、夜間人口と昼夜間人口比率（昼間人口を夜間人口で割った値に100をかけたもの）のこれまでの推移と、今後の予測を示しています。A市は、東京駅から20～30kmのところに位置しています。以下の（1）～（2）の問いは、表1・2に関するものです。

・表1　A市の夜間人口と昼夜間人口比率の推移

	1960年	1965年	1970年	1975年	1980年	1985年
夜間人口（人）	11,012	19,345	30,817	43,924	48,154	50,766
昼夜間人口比率（%）	82.4	82.3	83.7	82.2	84.2	82.8
	1990年	1995年	2000年	2005年	2010年	2015年
夜間人口（人）	58,635	62,806	69,235	76,492	84,835	87,636
昼夜間人口比率（%）	79.3	78.2	80.2	77.0	79.6	78.5

（注）総務省統計局「国勢調査」の各年次データを基に作成した。

・表２　Ａ市の夜間人口と昼夜間人口比率の予測

	2020年	2025年	2030年	2035年
夜間人口（人）	86,321	84,083	80,794	76,982
昼夜間人口比率（％）	81.3	81.9	82.4	83.1

（注）東京都（2015）「東京都昼間人口の予測」より作成した。夜間人口は、その資料のデータから算出した値を、昼夜間人口比率は、その資料内のデータをそのまま用いている。

（1）表１を見ると、1960年代から2000年代にかけて、夜間人口は増加してきた一方で、昼夜間人口比率は低下した時期があることを読み取れます。この状況は、第三次産業に分類される事業者（会社や個人経営者など）が日々提供するサービスがあるからこそ、生じるものです。そのような事業者として適当であると、あなたが考えるものを以下のア～エの中から選び、そのように考えられる理由を以下の文章を完成させることで説明しなさい。

ア　スーパーやコンビニエンスストア　　イ　鉄道会社
ウ　電気やガスなどを供給する会社　　エ　ホテルや旅館

私は（　①　上のア〜エのいずれかの記号で答える　）が適当であると考える。夜間人口が増加してきた一方で、昼夜間人口比率が低下したということは、A市は都心へのベッドタウンとしての性格を強めたと言える。したがって、（　②　A市の住民の日常生活に関することを答える　）ので、（　①　）が提供するサービスが欠かせない。

(2) 次の文章は表2から読み取れる今後の変化と、その変化をもたらす理由をまとめたものです。

2020年から2035年にかけて、昼間人口よりも夜間人口の方が、減少率が大きくなるとの予測が示されている。その理由として、A市において少子高齢化が進むことが考えられる。

この文章の内容をふまえると、(1) で選んだ事業者は、今後どのような状況に置かれることが予想されるか説明しなさい。またその状況に対して、その事業者はどのような対策をとっていく必要があると考えられるか、あなたの考えを述べなさい。

（2018年　暁星中　改）

▶▶問題 7 【解答 180 ページ参照】

2019 年の参議院議員選挙の年代別投票率を見ると、若年層の投票率が高齢者より低い結果となりました。これについて、

（1）若年層の投票率が低いことで考えられるデメリットをあげなさい。

（2）若年層の投票率を上げるために考えられる方法を答えなさい。

（3）（2）の方法による問題点をあげなさい。

第 25 回参議院議員通常選挙　年代別投票率

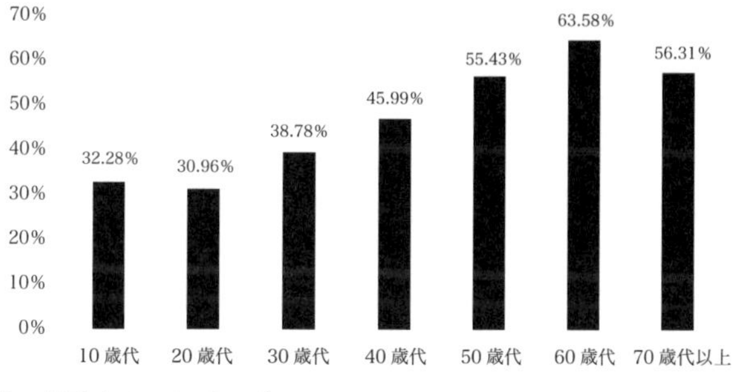

出典：総務省ホームページ
（https://www.soumu.go.jp/senkyo/senkyo_s/news/sonota/nendaibetu/）

（2020 年　開智（埼玉）・大宮開成・公文国際学園中等部・品川女子学院）

▶▶問題８　　　　　　　　　　　【解答181ページ参照】

１年Ａ組では、合唱コンクールにクラスで歌う曲を決めています。先生が「ビリーブ」と「マイバラード」という曲をあげてくれました。クラス25人のうち何人かはこの曲を知っているようでした。学級委員が「多数決を取ろう」と言ったところ、クラスの１人はすぐに多数決を取るのは危険じゃないかな」と言いました。学級委員は「国会でも多数決を取っているから、これが民主主義のやり方だと思うけれど…」と反論しました。

(1)　下線部について、そのように言った理由を考えて説明しなさい。

(2)　クラス全員が納得して曲を決めて歌うのに、あなたならどのようなやり方を提案しますか。説明しなさい。

（2019年　横浜創英）

▶▶問題 9

【解答 182 ページ参照】

福祉について取る方向は以下の 2 つになると思われます。

> A　教育費や医療費などを無料化（または安く）し、国民の生活が平等になるように国家が福祉を充実させる社会。ただし、その分みんなが高い税を納めなければならない。
>
> B　収入から差し引かれる税金は安いので、自分の手元には多くの資金が残せる社会。ただし、国家は国民の生活の面倒はあまり見てくれず、自分のいまの生活や老後は、自分が蓄えた資金でまかなわなければならない。

あなたが望むのは、AとBのどちらの方向でしょうか。そのどちらかの記号を選んだ上で、そのマイナス面もふまえながら、なぜそのように考えるかの理由を説明しなさい。

（2019 年　早稲田実業）

▶▶問題 10

【解答 183 ページ参照】

インターネットの便利な点とその活用方法で注意しなければいけない点をふまえ、インターネットを知らない人がインターネットを使いたくなるように説明してください。

（2019 年　名古屋国際中）

▶▶問題11 【解答184ページ参照】

（1）どうしてインターネットの情報は、ウソや特定の人々を一方的に攻撃したりする情報が多くなると思いますか。その理由を1つ答えなさい。

（2）あなたは、世の中に流れるぼう大な情報の中で、まちがった情報や差別的な発言に影響されないようにするためには、どのような点に気をつける必要があると考えますか。自分の考えを述べなさい。

（2019年　東京女学館）

▶▶問題12 【解答185ページ参照】

近年、コンビニエンスストアの営業のあり方が議論されています。そのあり方の良い点と問題点をあげ、それに対する自分の考えを自由に述べなさい。

（2020年　田園調布学園）

▶▶問題13 【解答186ページ参照】

資料A　国別乳児死亡率と成人女性の識字率

国名	乳児死亡率	成人女性の識字率
ニジェール	48.3%	22.6%
ギニア	56.4%	22.0%
ベナン	63.5%	22.1%
マリ	65.8%	22.2%
チャド	73.4%	14.0%
シエラレオネ	81.7%	24.9%
スロベニア	1.7%	99.6%
スペイン	2.6%	97.7%
ハンガリー	3.8%	99.1%
キューバ	4.1%	99.8%
セルビア	5.0%	98.2%
チリ	6.3%	96.7%

（『世界国勢図会　2019/20』より作成）

資料Ｂ

・ある薬の「使用上の注意」に書かれていた内容
「15 歳未満には服用させないでください。」
・はちみつの入った入れ物に書かれていた内容
「1 歳未満の乳児にはあたえないでください。」
・ある粉ミルクの入れ物に書かれていた内容
「必ず 70 度以上のお湯で粉ミルクを溶かしてください。」

（1）資料Ａから、女性の識字率と乳児死亡率の関係について読み取れることを答えなさい。なお、識字率とは、「15 歳以上の人口に対する、日常生活の簡単な内容についての読み書きができる人口の割合」のことであり、乳児死亡率とは、「生存出生児 1000 人のうち満 1 歳未満で死亡する確率」のことである。

（2）乳児死亡率を下げるにはどうしたらよいか。資料Ａと資料Ｂをふまえながら、あなたの考えを述べなさい。

（2020 年　逗子開成）

▶▶問題14 【解答187ページ参照】

アメリカとカナダの間には国境問題が存在する。下に参照した図を見て、各人の主張を読んで、〈ア〉の人物の主張とその根拠、〈イ〉の人物の反論をまとめたうえで、自分だったらどのように解決すべきかを理由とともに説明しなさい。

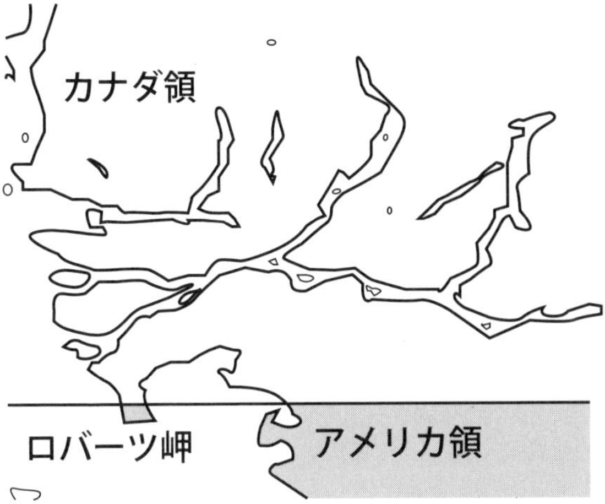

〈ア〉：私はアメリカ国民である。アメリカは歴史の中で北緯49度線をカナダとの国境とすることを決めたのだ。これは当時決定したことであり、現在でも効力を持つ。よって、ロバーツ岬はアメリカのものであり、国境は現状を維持すべきである。ただし、人と物の移動は自由化しようではないか。

〈イ〉：私はロバーツ岬の住民です。私は自分のルーツはカナダにあると信じており、私が住む場所もカナダのものが残っています。なので、アメリカはロバーツ岬をカナダに返却し、それに対してカナダは同じ面積のアラスカ隣接地をアメリカに譲渡すべきです。

〈ウ〉：第三者である私には歴史的、文化的な面は分からない。なので、政治・経済的に考えて、アメリカとカナダがロバーツ岬を共同統治するのが理にかなっていると思う。両国で沿岸を開発するといいだろう。

（2019年　江戸川学園取手）

▶▶問題 15

【解答 188 ページ参照】

【資料】はオーストラリアに住む海外出身者の数と、その出身地域の割合の推移を示しています。この資料から分かるように、オーストラリアは移民を多く受け入れてきました。その一方で、1990 年代以降、「移民の受け入れがオーストラリア社会の分裂を引き起こしてしまう」といった意見が一部で主張されるようになりました。

移民を受け入れつつ、「社会の分裂」の問題を解決し、様々な背景を持った人々と共に暮らす社会を作るにはどのような取り組みが必要か、以下の〔条件〕に従って、考えて答えなさい。

〔条件 1〕1990 年代以降に「移民の受け入れがオーストラリア社会の分裂を引き起こしてしまう」という意見を主張するようになった人はどのような人か、【資料】で読み取ったことに触れて説明すること。

〔条件 2〕「社会の分裂」の問題を解決するための取り組みについては、具体例を 1 つあげて説明すること。

【資料】

	1976 年	1996 年	2016 年
ヨーロッパ	82%	57%	34%
アジア	9%	26%	44%
その他	9%	17%	22%

（「Australian Bureau of Statistics」をもとに作成）

（2020 年　鷗友学園女子）

▶▶問題16　【解答189～190ページ参照】

（1）プラスチックをごみとして処理する際、環境に悪影響を与える点を、「そのままうめ立てる」場合と「焼却する」場合についてあげなさい。

（2）焼却施設にある問題点を解消するための工夫の例をあげなさい。

（3）焼却施設で発生するものをあげ、それぞれの利用例を答えなさい。

（2020年　栄光学園）

▶▶問題17　【解答190ページ参照】

地球温暖化を少しでも防止するために、できることはありますか。具体的な方法をあげて、それがどのように温暖化を防止するのかを説明しなさい。

（2020年　桐光学園・不二聖心女子学院など）

▶▶問題 18 【解答 191 ページ参照】

近年、東京都を中心に都市の気温が周囲よりも高くなる「ヒートアイランド現象」が起こっています。この現象が都心に住む人々の生活にどのような影響を及ぼしていますか。また、「ヒートアイランド現象」を軽減するための対策もあわせて説明しなさい。

（2018 年　聖園女学院）

▶▶問題 19 【解答 191 ページ参照】

（1）将来的に地球が抱える問題をふまえた場合、食品ロスの問題解決に取り組まなければならない理由はどのようなことだと思いますか。説明しなさい。

（2）食品売り場で買い物をする際、どのようなことを意識したらよいと思いますか。

（2019 年　慶應義塾中等部・2020 年　立教池袋）

▶▶問題20　　　　　　　　　　【解答192～193ページ参照】

（1）従来のガラスびんや缶と比べて、ペットボトルにはどのような違いがあるかを1つあげて述べなさい。

（2）海洋プラスチックごみが増えることでどのような問題が生じると考えられますか。

（3）みなさんが小学校内で行うことができる「海洋プラスチックごみ」を減らす取り組みとして、どのようなことがあげられますか。

（4）レジ袋などを食べたシカが増えないようにするためには、どのようなことができると思いますか。下のアイコンの目標について1つずつ、どのような取り組みができるか答えなさい。

（2019年　光塩女子学院・聖園女学院・2020年　光塩女子学院・札幌聖心女子学院中・湘南白百合学園・洗足学園など）

▶▶問題 21　　【解答 194 ページ参照】

キャッシュレス決済の消費者にとっての「利点」、およびキャッシュレス決済に関する「課題」をそれぞれ1つあげなさい。

また、キャッシュレス決済が普及していく中で、上であげた「課題」を社会全体において解決していくために、どのような「方法」が考えられますか。あなたの考える具体的な「方法」を述べなさい。

（2020 年　東京純心女子・明大明治）

▶▶問題 22　　【解答 195 ページ参照】

働き手の不足の問題の対策には、A. 働き手の数を減らさないように工夫する方法、B. 働き手が減っていく不足分を何か別のもので補う方法、の2つがあります。

（1）それぞれの方法の具体例をあげなさい。

（2）あなたが答えた A、B の対策のうち、より多くの人々の幸せにつながるのはどちらであると考えますか。その理由も答えなさい。

（2019 年　捜真女学校）

▶▶問題 23　　【解答 196 ページ参照】

スポーツは社会の中で時代ごとに様々な役割を期待されてきました。今後予想される社会の変化が生み出す問題を、スポーツで解決していくとすれば、どのような役割がスポーツに求められますか。

（2019 年　麻布中）

▶▶問題 24　　【解答 196 ページ参照】

文章中のプレゼンテーションについて。下の文章はＡくんのプレゼンテーションの様子です。Ａくんのプレゼンテーションを分かりやすく、もっと良くするために変えたほうがよい点を見つけ、どうしたら良くなるかを書きなさい。

> Ａくんは、ペットボトルの再利用について調べ、その改善策についてのプレゼンテーション（発表）を行いました。Ａくんは、パソコンで調べたデータや写真をまとめ、それをスクリーンに映し出し、みんなの前で話し始めました。Ａくんは、話す内容が書かれた原稿用紙を見ながら、ゆっくりと文章を読んでいきました。笑顔を出さず、真剣な表情で話は進みました。文章を読み終えると、みんなの前で礼をして、プレゼンテーションが終わりました。

（2019 年　名古屋国際中）

▶▶問題 25 【解答 197 ページ参照】

福沢くんの中学校では、年に 1 回、自分たちの学校生活をより快適にするための提案を、生徒から学校に対して出すことができます。学校（先生）側は、その提案が持つ問題点を生徒が十分に理解していて、それについての有効な対策案が示せていると判断すれば、原則としてその提案を受け入れることにしています。

さて今年度は、「携帯電話・スマートフォンの学校への持ち込みを許可してほしい」という提案でまとまりました。そこで、あなたがこの学校の生徒であるとして、この提案にはどのような問題点があるかを 1 つあげ、それに対する有効な対策案を考えなさい。

（2018 年　慶應義塾中等部）

—解 答 編—

第１章　地理地形
第２章　地理産業
第３章　歴史分野
第４章　公民分野

第５章　国際社会
第６章　SDGs
第７章　AL 問題

—第１章—

地理地形

▶▶問題1 【問題8ページ参照】

例：日本では山地が多く、平野が少ないため、じょうぶで平らな道をつくりにくい。

例：日本では地震や大雨で地ばんがゆるい土地が多く、じょうぶで平らな道をつくりにくい。

▶▶問題2 【問題8ページ参照】

例：ベビーブームで生まれた子どもたちのために学校を増やす必要があったから。

例：高度経済成長期に都心に人が多く移り住み、そこで生まれた子どものために学校を増やす必要があったから。

▶▶問題3 【問題8ページ参照】

例：地方から都心へ通勤しやすくなるため、都心から地方へ移り住む人が増えて、都心の過密化が解消される。

例：地方から都心へ移動しやすくなるため、地方の人が都市へ移り住む人が増えるストロー現象が起こる可能性がある。

▶▶問題4　【問題9ページ参照】

例：世界自然遺産に登録されているため、空港を建設すると自然破壊によって登録が取り消されるおそれがあるから。

例：小笠原諸島に住む人の数が少なく、観光客を目的に空港を建設しても利益が得られない可能性があるから。

▶▶問題5　【問題9ページ参照】

例：茶色くにごった水を飲むため、子どもが体をこわすおそれがあること。

例：往復8時間かけて水くみに出かけるため、学校に行って勉強する時間が取れないこと。

▶▶問題6　【問題9ページ参照】

例：衛生面の悪い水を飲まなければならず、健康を悪化させる問題。

例：遠くにある井戸水を子どもがくみに行くことがあるため、子どもの教育が滞るおそれがある。

例：水資源が少ないために干害が起こることで農作物が育たず、多くの人が食糧不足になるおそれがある。

▶▶問題７　【問題 10 ページ参照】

例：スウェーデンに行きたいです。スウェーデンは教育や医療などが充実している高福祉社会ですので、日本で問題になっている少子高齢化の対策を学ぶことができるから。

例：中国に行きたいです。中国には兵馬俑坑など歴史のある建築物が多くあるため、中国の歴史を通して日本のルーツを探ることができるかもしれないから。

▶▶問題８　【問題 10 ページ参照】

例：地中の水を蓄えることができるため、雨水で地ばんがゆるくなって起こる土砂崩れを防ぐことができること。

例：防風林としての働きがあるため、台風などによる家屋の被害が防げること。

▶▶問題９　【問題 10 ページ参照】

例：災害が発生したときの避難場所や連絡方法について家族で話し合って決めておき、日頃から避難訓練をすること。

例：水や非常食を蓄えておき、災害が起きたときにも救助が来るまで自分たちの力で生き延びるようにすること。

▶▶問題 10　　【問題 11 ページ参照】

例：【自助】ハザードマップを見て水害の発生しやすい地域を確認し、実際に水害が起きたときに避難できるように備えておく。

例：【共助】地域に住んでいる人たちの年齢や病気の有無を調べ、水害が起きたときに高齢者や身体が不自由な人を、地域の人と協力して助ける。

例：【公助】地方自治体が土のうなどを用意し、水害が発生したときに被害をできるだけ小さく済むようにする。

▶▶問題 11　　【問題 11 ページ参照】

例：ダムの建設が進んでいないため、洪水が起こったときに河川の下流に流れる水をダムでせき止められないこと。

例：河川の周辺の堤防が老朽化しているにも関わらず、修復工事を十分に行わないため、大雨が降ると堤防が決壊して洪水が起こること。

▶▶問題 12　　　　　　　　　　　　　　【問題 11 ページ参照】

例：セアカゴケグモのような毒を持つ、熱帯地域に見られる生物が日本でも生息するようになり、注意しなければならなくおそれがあること。

例：ジカ熱やデング熱などの感染症を持つ蚊にさされるリスクが高くなること。

例：異常気象が起こりやすくなり、洪水や大雨などの自然災害による被害に遭いやすくなること。

▶▶問題 13　　　　　　　　　　　　　　【問題 12 ページ参照】

例：救助隊などの公助による支援が少なく、自力による自助もしくは誰かの助けを得る共助による割合が高いことが分かる。また自助については、本だなやタンスなど地震で倒れやすいものを金具で固定しておき、地震による被害を小さくする努力をする。

例：救助隊などの公助による支援が少なく、自力による自助もしくは誰かの助けを得る共助による割合が高いことが分かる。また自助については、自分の身を自分で守るためにも非常食や避難用具など日頃から災害への備えをしておくべきである。

▶▶問題 14 【問題 13 ページ参照】

例:液状化現象が起こりやすい地域の分かるハザードマップを見て、どこに住むかの参考にする。

例:津波の被害が起こりやすい地域の分かるハザードマップを見て、津波が発生したときに家からどう避難するかのルートを作成する。

例：土砂崩れが起こりやすい地域の分かるハザードマップを見て、安全に最短で避難所に行けるルートを作成する。

▶▶問題 15 【問題 13 ページ参照】

例：携帯電話やスマートフォンを用いて、情報を集める。

例：スマートフォンなどを通して自治体の掲示板などに被害状況を伝える。

例：カメラ機能の携帯電話を利用して、被災状況を分かりやすく伝える。

▶▶問題16 【問題14ページ参照】

例：避難生活をしている人と積極的にコミュニケーションを取って、被災者の不安を少しでも和らげるようにする。

例：ケガをしている人や高齢者に代わって、避難所での力仕事に積極的に参加する。

例：ゴミ掃除を積極的に行い、感染症などが拡大しないように注意を払う。

例：避難所にないものを確認し、自治体や災害支援をしている人に用意してもらえるよう相談する。

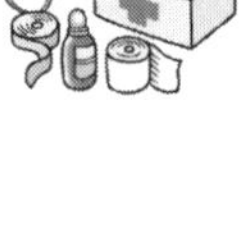

—第２章—

地理産業

▶▶問題１　【問題 15 ページ参照】

例：一般的な畑と違うところは土を用いないため、連作障害を防ぐことができる。

例：気温や光をコントロールできるため、自然で育てる畑と異なり天候による影響を受けにくく、安定して農作物を育てることができる。

▶▶問題２　【問題 15 ページ参照】

例：コンピュータでビニルハウス内の温度や水の量を管理させることで、人の負担を抑えることができること。

例：全国各地の農業の成功例や失敗例のデータをインターネットで集めることで、初心者でも簡単に農業ができる情報を提供すること。

▶▶問題3　【問題16ページ参照】

例：間伐材は、建物の材料として使用するには向いていないが、このような商品を製造することで、村の産業が活発になるから。

例：間伐材は、建物の材料として使用するには向いていないため、そのまま放置され森林の生長を妨げる切り捨て間伐になるおそれがあるが、間伐材を利用することで切り捨て間伐が減り森林の生長を妨げるものがなくなるから。

▶▶問題4　【問題16ページ参照】

例：半永久的に利用できるため、将来安定した電力供給が期待できるから。

例：火力発電の二酸化炭素、原子力発電の放射能のように、人類に害を及ぼすものをほとんど出さないから。

▶▶問題5　【問題17ページ参照】

例：風車に鳥がぶつかることでケガする被害。

例：風車の騒音が海洋生物の沿岸での活動をさまたげる被害。

▶▶問題6 【問題 17 ページ参照】

例：特定の電力に頼らないため、災害などが起きたときも他の電力を利用することで電力の安定した供給を図ることができるから。

例：火力発電の利用により排出される二酸化炭素を、他の電力の利用で抑えることで、地球温暖化などの環境問題対策につながるから。

▶▶問題7 【問題 18 ページ参照】

例：これからの日本はさらに高齢化社会が進むので、高齢者による自動車運転による事故を減らすこと。

例：高齢化社会でこれまで以上に高齢者は移動が負担になるため、自動運転の自動車を利用することで負担を小さくして目的地に行くことができること。

▶▶問題8 【問題 19 ページ参照】

例：夜間の飛行を禁止することで、住民への健康被害を防ぐようにする。

例：騒音があまり出ない小型飛行機の利用料金の優遇を行う。

▶▶問題 9 【問題 19 ページ参照】

✎ 例：蒸気機関車に比べて音が出ない点。

✎ 例：蒸気機関車と違い走行中に煙が出ない点。

✎ 例：蒸気機関車に比べて重量のバランスが取れているためカーブや山道の移動がしやすい点。

▶▶問題 10 【問題 19 ページ参照】

✎ 例：船内ですべてまかなうことができるので、時間にゆとりがある。

✎ 例：船に宿泊するので、鉄道や航空で移動するよりも荷物の持ち運びが少なくてすむ。

✎ 例：船で様々な国を訪れることができるので、乗り物を乗りかえる手間がかからない。

▶▶問題 11　【問題 20 ページ参照】

例：山間部の場合は有線を引くために多くの人や経済的負担がかかるが、無線ならそれほど負担をかけなくてすむから。

例：有線を引いても災害などで有線が切れて再工事する可能性があるが、無線なら一度引けばそのまま使うことができるから。

▶▶問題 12　【問題 20 ページ参照】

例：オリンピックで使われた施設を、オリンピックが終わってからも有効利用できるかという点や、オリンピック開催中の都心部の交通機関が十分に機能するかということ。

例：オリンピック後の選手村がマンションとして売られて有効利用されるか、また、豊洲市場への移転が遅れたことで工期が遅れた交通の整備がオリンピックまでに間に合うかということ。

▶▶問題 13　【問題 20 ページ参照】

例：買い取り価格について自分たちの主張を通すだけでなく、相手側の主張も十分に理解して取引を進めること。

例：経済的な優位性を利用して、自分たちにとって都合の良い買い取り価格を相手に主張しないこと。

例：途上国の発展が将来的に自分たちの利益につながると考えて買い取り価格についての取引を進めること。

▶▶問題 14　【問題 21 ページ参照】

例：技術力の高い日本製品であれば外国に安定して輸出できるため、自国の経済発展が見込めるから。

例：日本の高い技術を学び取ることで、自国の技術力を向上させ、将来的な経済的自立を図ることができるから。

▶▶問題 15　【問題 21 ページ参照】

例：中国は人口世界一の国であり、安定した需要が見込めるから。

例：他の賃金の安い国に工場を建てるより、中国で生産を続けたほうが全体的な費用が安いと判断したから。

▶▶問題 16 【問題 21 ページ参照】

例：よい面は三種の神器と言った、生活をより豊かにする家庭用電気機械を利用できるようになったことだが、一方で四大公害病の発生によって人々の健康が悪化したこと。

例：よい面は人々の生活水準が上昇し、これまであまり食べることのなかったものも食べられるようになったことだが、一方で洋食化が進んだことで、日本の主食である米の消費量が減ったこと。

▶▶問題 17 【問題 22 ページ参照】

例：【名称】宮城県ずんだ餅祭り
【理由】ずんだ餅は宮城県発祥であり、伊達政宗が名づけたとする説があるから。

例：【名称】宮城県フカヒレ祭り
【理由】宮城県はフカヒレの生産がさかんだから。

▶▶問題 18　　【問題 23 ページ参照】

例：その地域の特徴を、ゆるキャラを通して一目で理解できること。

例：ゆるキャラに親近感を抱くことで、多くの観光客が期待できること。

▶▶問題 19　　【問題 23 ページ参照】

例：子どもたちが泳ぎに来られない時間帯を利用することで、利益が生まれにくい時間帯の利用料が得られるから。

例：スイミングスクールで泳ぐことで水泳に興味を持った子が入会し、会員を増やすことができるから。

▶▶問題 20　　【問題 23 ページ参照】

例：５人では調べた人数として少ないので、100％の効果があるとは証明できない。

例：小学６年生は成長期だから、サプリメントを飲んだだけで身長が伸びたとはいえない。

例：どれくらい身長が伸びたかが分からないため、サプリメントの効果もどれだけあるか判断できない。

▶▶問題 21　　【問題 24 ページ参照】

例：子どもが食べるのが苦手な骨などを取り除いて、子どもに気軽に魚を食べてもらうため。

例：魚を触るのが苦手な人や料理が苦手な人が、お店の人に代わりにさばいてもらうため。

▶▶問題 22　　【問題 24 ページ参照】

例：表示が統一されると、国産の衣類を気軽に海外に輸出しやすくなるから。

例：国内外で統一することで、外国産の衣類の手入れ方法が理解しやすくなるから。

▶▶問題 23 【問題 25 ページ参照】

例：ゴミの分別をするとポイントがもらえて、商店街で買い物をするときに割引になる案

例：容器ゴミの回収のための費用をタピオカドリンクの料金に加えておき、お店にタピオカドリンクの空き容器などを持ち帰れば回収分の料金を返す仕組み

▶▶問題 24 【問題 26 ページ参照】

例：人間の目では判断できない病気を見落としてしまう

例：人間は思い込みが働くことがあるため、他の病気を見落としてしまう

例：人間は体調や疲労により精度が落ちるおそれがあり、他の病気を見落としてしまう

▶▶問題 25　【問題 27 ページ参照】

例：AI は、情報を累積し確率に基づき行動を選択するため、予想外のできごとへの対応が不得意であるが、人間は、何もないところから創造することや考えることが得意である。そのため、シンギュラリティは起こらないと考える。

例：AI は、今まで集めてきた情報を基に考えるため、量が限られるものへの対応には優れているが、人間の感情など無限に考えられることへの対応は難しい。それに対して人間は、これまでの経験を基に対応できるため、シンギュラリティは起こらないと考える。

▶▶問題 26　【問題 27 ページ参照】

例：介護や工事など、人間の肉体的負担が大きい仕事をロボットが行うことで、人間の負担が減るようになる。

例：災害が発生したところの調査をロボットが行うことで、人間が危険な目に遭うことが少なくなる。

例：人間より優れているところは AI に任せ、人間は AI にできない分野に専念するなど、人間と AI の分業化が進むようになる。

▶▶問題 27　　【問題 27 ページ参照】

例：農業で育てたイチゴを、工場でイチゴジュースに加工して小売店で販売する。

例：イチゴを原料にした化粧品を作り、インターネットを通して通信販売を行う。

▶▶問題 28　　【問題 28 ページ参照】

例：港に水揚げされたマグロを使って缶詰を作り、インターネットの通販で販売すること。

例：港に水揚げされたマグロを加工工場で刺し身やお総菜にして、港の土産コーナーで販売すること。

▶▶問題 29　【問題 29 ページ参照】

(1)

例：車イスを使用していて、通常の個室には入ることができない人。

例：赤ちゃんの世話をするためにトイレを利用したい人。

例：オストメイトを利用している人。

例：誰かの介助がないとトイレが利用できない人。

(2)

例：異性の介助者も利用したいから。

例：異性の子どもの世話をしたいから。

例：トランスジェンダーなどの性的少数者が利用したいから。

(3)

例：災害が発生し停電や水が利用できない状況になったとき。

例：フェリーなどによる長期間の移動で屋外に排水ができない場合。

▶▶問題 30 【問題 30 ページ参照】

例：私はお父さんの意見に賛成です。三重県から北海道までに多くの都県を通過するため、行きと帰りのルートを変えて旅行すれば、様々な都県の史跡・名勝を観光したり、地域の特産品を味わうことができるから。

例：私はお母さんの意見に賛成です。船での移動は自動車や鉄道に比べれば短く済み、車を載せることができるので旅行の費用を抑えることができる上に、船から様々な生き物や風景を楽しむことができるから。

例：私はお姉さんの意見に賛成です。電車での移動なら山や海など様々な風景をゆっくりと見ることができる上に、途中で停車する駅でお弁当を購入してその地域の特産品を味わうことができるから。

例：私はお兄さんの意見に賛成です。北海道は自然や特産品が豊富にあり、すべてを観光するには時間がかかるため、飛行機で移動時間を短縮した分を北海道の観光に充てることができるから。

—第３章—

歴史分野

▶▶問題１　　　　　　　　　　　　　　　　【問題 31 ページ参照】

例：周囲をほりで囲んで敵の侵入に備えていたから。

例：物見やぐらを作って、遠くから敵が来ないか警戒していたから。

▶問題２　　　　　　　　　　　　　　　　【問題 31 ページ参照】

例：唐の都長安にならってつくられた。中央に朱雀大路が通っている。人口はおよそ 10 万人だった。東市・西市が設けられた。北に置かれた区画（平城宮）の中には、天皇の住居や太政官をはじめとする役所や太極殿が建てられていた。貴族のやしきや役人の家もあった。たくさんの木簡が出土している。

▶問題３　　　　　　　　　　　　　　　　【問題 31 ページ参照】

例：仮名文字は 894 年に菅原道真が遣唐使の中止を唱えた後に起こった国風文化で誕生したと考えられていたが、今回の発掘でそれ以前に仮名文字が使われていた可能性が高まったから。

▶▶問題4 【問題32ページ参照】

例：聖武天皇は仏教の力を利用して国分寺や東大寺を建立したように、宗教を政治に利用していた。

例：聖武天皇は中国から鑑真を日本に呼び寄せることで仏の教えを広めさせたように、宗教を教育の面に利用していた。

▶▶問題5 【問題33ページ参照】

例：平清盛はA地点に大輪田泊を整備して、博多津（港）を経由せず瀬戸内海を通って中国と日宋貿易を行ったから。

▶▶問題6 【問題33ページ参照】

例：大阪平野の周囲に高いものがないため、大阪城（大坂城）から敵の動きを見ることができたから。

例：大阪城（大坂城）の周囲にはいくつもの川が流れているため、川を利用して敵からの侵入が防ぎやすかったから。

▶▶問題 7 【問題 34 ページ参照】

✐ 例：従者の人数が多いと領国の財政を苦しめるおそれがあることを指摘して、領国の財政が苦しむことになる場合は参勤する人数を減らすべきとしているから。

▶▶問題 8 【問題 34 ページ参照】

✐ 例：年貢米は年によって価格が変動するため。

✐ 例：気候などの影響でお米の収穫量が年によって大きく変化するから。

▶▶問題 9 【問題 35 ページ参照】

✐ 例：ダムの建設により下流域では増水が起こらなくなり、質の良い土砂が供給されなくなったため、農業を行う際に肥料代がよりかかるようになった。

▶▶問題 10 【問題 36 ～ 37 ページ参照】

（1）

例：モースは日本人には礼儀正しさや他人への思いやりがあるなど日本人の視点に立って評価しているが、ベルツは日本人が西洋思想について十分に理解していないと、自分たちの視点に立って日本人を問題視しているという違い。

（2）

例：私は[1]の立場に立って教育をします。日本人の持つ道徳心や礼儀正しさが西洋の近代思想を伝える際に不利に働くかもしれないが、将来的に見れば日本人のこうした考え方は西洋と対等に渡り合うのに有利に働くと思うから。

例：私は[2]の立場に立って教育をします。当時の日本は欧米に押されていた時期であり、出来るだけ早く欧米と対等に渡り合うためには、これまでの日本の考え方を捨てて西洋思想を素直に受け入れる姿勢が必要だと思うから。

▶▶問題 11 【問題 37 ページ参照】

例：日中戦争や太平洋戦争を起こしたという加害者側の面と、沖縄戦で沖縄を占領されたり広島や長崎に原子爆弾を投下された被害者の面もあること。

▶▶問題 12　【問題 37 ページ参照】

例：戦後の日本は物資が不足したため、アメリカのように機械で洋服を生産したほうが効率がよかったから。

例：戦前は欧米の考えが排除されていたが、戦後は欧米の考えが再び入ってきたから。

例：戦後の日本ではアメリカへの憧れが起こったから。

▶▶問題 13　【問題 38 ページ参照】

例：独裁者のすべてが源頼朝や武田信玄のように公平・公正とは限らず、自分勝手な政治をしたり、自分に都合の良い法律を作ったりする場合。

例：周りの者が指導者に対して信頼を置くことで、指導者が自分勝手な政治をしても意見を言う人がいなくなってしまった場合。

▶▶問題 14 【問題 39 ページ参照】

例：【人名】鑑真

【時代】奈良時代

【説明・業績】目が見えなくなっても日本に渡来し、日本に仏教を伝えた。

例：【人名】クラーク

【時代】明治時代

【説明・業績】札幌農学校の副校長を務めて農業学を指導した。

例：【人名】フェノロサ

【時代】明治時代

【説明・業績】岡倉天心とともに日本の近代美術の礎を築いた。

▶▶問題 15　　【問題 39 ページ参照】

例：葛飾北斎の描いた浮世絵はヨーロッパに伝わって、ゴッホなどのヨーロッパを代表する画家の作風に大きな影響を与えたから。

例：北里柴三郎はペスト菌や破傷風の研究によって多くの人々を救ったから。

例：杉原千畝は道義上の理由から多くのユダヤ人にビザを発給してナチスドイツからの迫害から助けたことで、現在も多くのユダヤ人から評価されているから。

▶▶問題 16　　【問題 40 ページ参照】

例：【国風文化】これまでは中国や朝鮮の制度や考え方を参考にしてきましたが、国風文化が誕生したことでこれまでなかった日本独自の考えが生まれるようになりました。

例：【太平洋戦争】戦争には敗れましたが、その後の GHQ による民主化政策によって現在の日本の土台を築くことができました。

▶▶問題 17　　【問題 41 ページ参照】

例：大英博物館は、世界中の歴史ある様々な文物を展示しているため、比較的歴史の浅い日本のマンガを受け入れることに抵抗を感じたから。

例：大英博物館は、歌川広重や葛飾北斎らの日本の浮世絵も展示しているため、マンガを浮世絵と同じに扱うことに不満を抱いたから。

▶▶問題 18　　【問題 41 ページ参照】

例：私は平成とは、（A　災害の）時代だと考えます。そのように考えた理由は、（B　平成の間に阪神淡路大震災や東日本大震災といった大きな地震が起きた）からです。

例：私は平成とは、（A　不景気の）時代だと考えます。そのように考えた理由は、（B　平成の始まりにバブルが崩壊し、その後リーマンショックのような世界的な大不況が起きた）からです。

▶▶問題 19 【問題 42 ページ参照】

例：次の 5000 円札のモデルに決まった、明治時代にアメリカに留学した人は誰ですが。

例：日本初の最年少の女子留学生で、新しい 5000 円札に載る人は誰ですか。

例：岩倉遣外使節に同行してアメリカに滞在した女子留学生で、帰国後女子英学塾を創設したのは誰ですか。

▶▶問題 20 【問題 43 ページ参照】

例：デジタルカメラを持っていきます。デジタルカメラなら大量に写真を撮ることができるため、撮った場所を記録しながら撮影し、現代に戻って写したものを利用して作物栽培の分布マップを作ることができるから。

例：携帯のタブレットを持っていきます。タブレットに当時の地図データを入れておくことで、道を通りながら作物栽培の分布マップを作ることができるから。

―第4章―

公民分野

▶▶問題1 【問題 44 ページ参照】

✎ 例：唯一の被爆国である日本の立場から平和を訴え、世界から核兵器がなくなるようにする。

✎ 例：東日本大震災での反省から、核をエネルギーとして安全に使える取り組みを考え、世界の国々が欠乏から抜け出せるようにする。

▶▶問題2 【問題 45 ページ参照】

✎ 例：教育を受けることで人間らしく生きるために必要なことを手に入れ、自立した生活ができるから。

✎ 例：人類が今よりも発展していくためには、これまでの取り組みについて学ばなければならないから。

▶▶問題３ 【問題 45 ページ参照】

例：法律はそれに違反する人が対象だが、憲法は憲法を守らなければならない公務員や天皇などを対象にしている違い。

例：法律は国民など幅広い人が対象になる可能性があるが、憲法は国民以外の、天皇や全体の奉仕者の公務員を対象にしている違い。

▶▶問題４ 【問題 45 ページ参照】

例：小学生用のホームページを作る。

例：国会議員など国会で働く人が、国会の仕組みや取り組みなどを小学生の視点で紹介する動画を配信する。

例：国会の仕組みを、学級会の仕組みの共通点を利用して紹介することで、国会は身近にあるものと近い存在であることを伝え、国会への親近感を持たせる。

▶▶問題5 【問題46ページ参照】

(1)

例：私は賛成です。今は女性が働きやすい社会ではないので、まず女性議員の数を増やし女性の意見を通しやすくして女性が働きやすい社会を作るべきだから。

例：私は反対です。議員になるのは本人の意志であり、法律によって候補者を均等にするのは仕事を強要することであり、基本的人権に反するから。

(2)

例：出産とその前後に生じる負担を法律によって軽減するなど、女性しか経験できないことを活かした取り組みが行われること。

例：雇用や育児など女性が感じる格差を解消するための政策が提案されること。

▶▶問題６　【問題 46 ページ参照】

例：都市の整備や教育など、国民生活の様々な事柄に役立てるために使われているので、納税の義務がなくなると、社会活動が止まってしまうと思う。

例：健康保険や年金など社会的や経済的に弱い人たちのために税金が使われているため、納税の義務がなくなると弱い立場になったときに自分たちの首を絞めることになると思う。

▶▶問題７　【問題 47 ページ参照】

例：金券でも、その地域で使うものなので、観光客が来て、最終的にはその地域のためになるから。

例：金券をきっかけにその地域に来ることになるので、再び来る人がいることで地域の活性化につながるから。

例：ふるさと納税の返礼品の金券以上に観光地でお金を使う人がいることで、より多くの消費が期待できるから。

▶▶問題８

【問題47ページ参照】

例：長所はその時々の国民の意見が直接反映できることで、短所はコンピュータウイルスによって投票数が操作されてしまうおそれがあること。

例：長所は国民の意見が反映されることから国民が政治に関心を持つことができることで、短所はインターネットを利用できない人の意見が反映されないこと。

▶▶問題 9 【問題 48 ページ参照】

例：アは国の防衛に関わることなので、国の防衛権を行使する最高権力者に任せたほうがよいため、A で行うとよい。

例：アは広く意見を求めたほうがよいが、国全体で議論すると分断を招くおそれがあるため、国の代表者が議論して決めるべきだから B で行うとよい。

例：アの核兵器に関わることは国の安全と平和に関わる大きな問題なので、国民すべてが考えて意見を表すべきだから C で行うとよい。

例：イはその地域の住民に大きく関わる問題なので、住民が直接選んだ地方自治体の首長に任せるべきだから A で行うとよい。

例：イは国の産業や環境に関わる問題なので、それぞれの分野に精通している代表者が議論して決めるべきだから B で行うとよい。

例：イは住民の生活に関わる重大な問題なので、住民投票を行うことで賛否を決めるべきだから C で行うとよい。

✎ 例：ウは国民の生活など様々なものに影響を及ぼす問題で、簡単に意見がまとまらないおそれがあるので、Aで行うとよい。

✎ 例：ウは国会や内閣が予算について話し合うので、消費税などのお金に関することはBで代表者を決めてあとは任せるべきと考える。

✎ 例：ウは国民の生活や福祉など様々なことに関わり、一人ひとりに影響する重大な問題なので、Cで行うとよい。

▶▶問題 10 【問題 49 ページ参照】

✎ 例：どの政党がどのような政策を主張しているのかが伝わらず、政党の違いがよく分からないから。

✎ 例：政党ができたり解党したりと、政党を支持しようとしてもすぐなくなるため政党に期待できないから。

✎ 例：政党ではなく政治家個人に関心を持っているから。

▶▶問題 11 【問題 49 ページ参照】

例：国民の政治への関心が薄れ、政党や政治家本位の政策が行われるおそれがある問題。

例：政治家が国民よりも政党内の権力争いに関心を持つおそれがある問題。

例：自分たちの利益を得ようとする会社や団体が政党に近寄り、国民よりも支援してくれる会社のための政治へ進むおそれがある問題。

▶▶問題 12 【問題 50 ページ参照】

例：私は①の意見に反対です。投票に行かないのは政治への不信感があるからであり、投票しないことで自らの意思を表示しようとする人も多くいると考えられるから。

例：私は②の意見に反対です。投票日に投票できないのは長期の出張であったり入院していたりとやむを得ない事情を抱えた人もいるため、そうした人たちに罰則を与えるのは不公平だから。

例：私は③の意見に反対です。日本国憲法では選挙権は義務ではなく権利として記載しているのであり、法律で義務化することは日本国憲法の考えに反することだから。

▶▶問題 13　【問題 51 ページ参照】

例：選挙によって国が大きく変わった例を紹介することで、自分たちの投票次第で日本を変える可能性があることを伝える。

例：現在の日本が抱える将来に大きく影響を与える問題を紹介して、選挙などで自分たちの意見を主張しないと様々な問題が起こることを伝える。

▶▶問題 14　【問題 51 ページ参照】

例：自分の犯した罪を重く受け止めるためにも命で償わせるべきだとする意見があるから。

例：被害者の家族にとって行き場のない気持ちを晴らすために、死刑を行うべきだとする意見があるから。

▶▶問題 15 【問題 52 ページ参照】

例：なりたい。社会を構成する者の一人として、司法制度に積極的に関わりたいから。

例：なりたい。国民の意見が裁判に反映されることで、今後の裁判で国民の意見に寄り添った判決が期待できるから。

例：なりたくない。量刑が重い事件の場合、人を裁くことに精神的な負担を感じるから。

例：なりたくない。国民は司法の専門家ではないため、マスメディアなど周囲の意見に流され自分自身の判断で判決が下せないおそれがあるから。

▶▶問題 16 【問題 53 ページ参照】

例：先住民族であるアイヌ民族の文化を伝える博物館や施設などを紹介することで北海道に来る人を増やす。

例：北海道の広大な土地で育つ農作物を利用した 6 次産業を進め、行政が率先して北海道の特産品を全国に販売する。

▶▶問題 17 【問題 53 ページ参照】

例：借金をすることなく会社の運営に必要な資金が得られること。

例：株券を発行できることにより社会的信用が生まれ、他社と交渉しやすくなり、会社が発展しやすくなる。

▶▶問題 18 【問題 53 ページ参照】

例：直接税より間接税のほうが所得の低い人の負担になりやすい。

例：間接税は税金を納める人と税金を負担する人が異なるため、負担する人の事情が配慮されにくい。

▶▶問題 19 【問題 54 ページ参照】

例：小学生を対象に物理的だけでなく心のバリアフリーの授業を行うことで、小さいときからバリアフリーへの関心を持たせる。

例：法律や条例によって、建物を建設する際にバリアフリーの設備を充実しなければならないようにする。

▶▶問題 20 【問題 54 ページ参照】

例：有給休暇と同様に育児休暇も会社が社員に取らせるように義務化することで、男性も育児休暇を取得しやすくして、育児による女性の離職を防ぐ取り組みをする。

例：優秀な女性を率先して国務大臣に起用して、女性の影響力を強化する。

▶▶問題 21 【問題 54 ページ参照】

例：女性が仕事と育児を両立しやすい制度のある社会。

例：女性のアイディアによって世の中が良くなる社会。

例：女性らしい個性が十分に発揮することのできる社会。

▶▶問題 22　【問題 55 ページ参照】

例：バスや電車等の交通網を整えたり、介護サービス等の福祉を充実させる。

例：バリアフリーを整備して、高齢者の生活が不自由にならないようにする。

例：宅配サービスを充実させて、移動に不自由な高齢者が買い物難民にならないようにする。

▶▶問題 23　【問題 55 ページ参照】

例：ブラック企業のなかには労働者に長時間労働を強いるところがある。

例：長時間の残業を課しているにもかかわらず、残業代が出ないことがある。

例：休日が十分に取れず、毎日仕事を強いるところがある。

▶▶問題 24 【問題 55 ページ参照】

例：同じ仕事をしていても賃金が安い。

例：正社員と比べて保険や保障が少ない。

例：会社の経営が悪化すると率先して解雇される可能性が高い。

▶▶問題 25 【問題 56 ページ参照】

例：テレワークを推進することで、家にいながらも仕事と子育ての両立を図っている。

例：会社に託児施設を置くことで、会社で働きながら子どもの世話ができるようにしている。

▶▶問題 26 【問題 56 ページ参照】

例：人工知能やコンピュータが人間の代わりに仕事をするようになるため、機械化できるようなレジや販売員の職業がなくなる。

例：コンピュータのほうが人間よりも正確に作業することができるため、数字の処理をするような職業がなくなる。

例：人が入ると危ないところに機械が代わって入ることが増えるため、工事や復興に関わる危険な作業を伴う仕事がなくなる。

▶▶問題 27 【問題 56 ページ参照】

例：少子化が進み労働者がこれまでよりも少なくなると、24 時間営業のお店では労働者の確保が難しくなる問題。

例：より便利なお店が求められるため 24 時間営業に延長しても、少子化によって消費者が少なくなればお店として利益が得られにくい問題。

▶▶問題 28 【問題 57 ページ参照】

例：【選択肢】出身大学などの高い学力
【理由】高度な知識を持ち、努力をする基盤ができているから。

例：【選択肢】資格や免許
【理由】専門的な知識を持っているため、戦力としてすぐ働いてもらえるから。

例：【選択肢】健康や体力
【理由】力仕事など重労働を任せることができるから。

例：【選択肢】英語力や海外経験
【理由】グローバル化を進めていくときに即戦力として期待できるから。

例：【選択肢】コミュニケーション力
【理由】多くの人と相談し合うことができるので、独断で行動することによるミスを減らすことが期待できるから。

例：【選択肢】スポーツ経験
【理由】スポーツを通して規律を学んでいるので、会社の指示に忠実に従い実行することが期待できるから。

▶▶問題 29　【問題 57 ページ参照】

例：仕事ができない状況になり収入が得られなくなっても、最低限の生活が保障されること。

例：仕事以外のことに時間を使うことができるため、新たな産業の誕生が期待できること。

▶▶問題 30　【問題 58 ページ参照】

例：観光の目玉になることで多くの人が訪れるようになり、その地域の産業が活性化するかもしれない。

例：カジノに関連してホテルなど別の産業も誘致され、雇用の増加が期待できるかもしれない。

例：ギャンブルに依存する人が生まれ、経済的に破たんする人が出るかもしれない。

例：ギャンブルの町というイメージが生まれ、カジノ目的以外の人が町に寄りつかなくなるかもしれない。

▶▶問題 31　【問題 58 ページ参照】

例：地震や大雨などの自然災害によって大きな被害を受けたときに、生活の立て直しをするためのお金としてためておくべきだと思います。

例：これから人口が減少し高齢化が進む中、年金などの社会保障がこれまでより期待できないため、国に頼らず老後を過ごすためにお金をためておくべきだと思います。

▶▶問題 32　【問題 59 ページ参照】

例：観光客が多く訪れるようになり地域が活性化した一方、住民の生活がおびやかされるおそれがある。

例：交通の便が良くなり集落から都市部へ行きやすくなった一方、多くの人が集落に訪れるようになったため渋滞などの問題が起こるおそれがある。

▶▶問題 33　【問題 59 ページ参照】

例：少子化が進むことで、伝統文化の継承が難しくなっていること。

例：伝統文化に触れる機会が以前より減り、伝統文化に関心を持てなくなっていること。

▶▶問題 34　　【問題 60 ページ参照】

例：2002 年日韓共催ワールドカップをデザインにして、日韓両国の友好の証を示す。

例：岩手県の奇跡の一本松の木をデザインにして、東日本大震災からの復興のシンボルにする。

▶▶問題 35　　【問題 60 ページ参照】

例：女性はスカートをはくが、男性がはくのはおかしいと思われていたこと。

例：ピアスをつけるために身体の一部に穴を空けることがよくないと思われていたこと。

例：より美しく見せるために、ヒールの高いくつをはくことを女性に求めたこと。

▶▶問題 36　【問題 60 ページ参照】

例：成人式では和服や着物を着る人が多いことから、伝統文化を重んじる考えが今でも残っていること。

例：仕事のときにスーツを着る人が多く、公私の区別を明確にする意識が高いこと。

例：制服を着る学校が多く、集団での連帯意識が強くなりやすいこと。

—第5章—

国際社会

▶▶問題1　　【問題61ページ参照】

例：北朝鮮のミサイル開発など東アジアの情勢が不安定であり、同盟国のアメリカとの関係を考える必要から、日本の表明には賛成である。

例：日本は世界で唯一の被爆国であり核兵器の悲惨さを知っているため、核の恐ろしさを世界中に伝えて核兵器のない世界の実現のためにも、日本の表明には反対である。

▶▶問題2　　【問題61ページ参照】

例：欧米では靴のまま家の中に入るが、日本では靴を脱いで上がるところ。

例：イスではなく床に座ること。

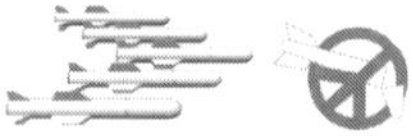

▶▶問題3 【問題61ページ参照】

例：地域によって支払い方法が前払い式と後払い式が異なるため、いつどれだけ払えばよいか分かりづらいこと。

例：すべての電子マネーに対応していないため、電子マネーが使用できるか分からないこと。

例：乗り換える場合運賃が引き継がれることがあるが、それが分からず必要以上に運賃を支払うおそれがあること。

▶▶問題4 【問題62ページ参照】

例：おすすめの地図アプリを紹介して、目的地にスムーズに行けるようにすること。

例：旅行ガイドに載っていなさそうな、その地域で有名なお店を紹介すること。

例：どの宗教の戒律にも対応できる、野菜料理中心のお店を紹介すること。

例：旅行客と思われる外国人にあいさつをして、気持ちよく日本で過ごしてもらうこと。

▶▶問題5　　【問題62ページ参照】

例：宗教上の戒律に合わせるため、豚肉や牛肉を使わないラーメンを作ること。

例：特定の宗教の人が安心して食べられる限定メニューを加えること。

例：ハシを使うのに慣れていない外国人のために、フォークも一緒に用意すること。

例：英語・中国語・韓国語・アラビア語など、様々な言語で書かれたメニューを用意すること。

▶▶問題６　【問題63～64ページ参照】

例：宗教上行うことができない楽器の演奏や、歌を歌う音楽の授業があること。

例：サウジアラビアではモスクで礼拝を行う金曜日の授業はないが、日本の学校では金曜日に授業があること。

例：給食の献立に、イスラム教徒が食べられない豚を使ったとんかつが献立にあること。

例：チキンスープの鶏がハラールを行ったものか保証されていないこと。

▶▶問題７　【問題64ページ参照】

例：紛争でヨーロッパに逃れた難民の中にテロリストが紛れていたことで、ヨーロッパ各地でテロが起きた問題。

例：イギリス人よりも安い賃金で働く移民が増えたことで、イギリス人の仕事が奪われイギリスがEU離脱の国民投票を行い、EUから離脱したこと。

例：メキシコからアメリカに仕事を求めて移民が増えたことで、トランプ大統領が国境付近に壁の建設を計画したこと。

▶▶問題8　【問題64ページ参照】

例：難民の中には新型コロナウイルスの感染者がいる可能性があるため、日本で感染者数が増えるおそれがあるから。

例：難民の中にはテロリストが紛れている可能性があるため、日本の治安がおびやかされるおそれがあるから。

▶▶問題９　　【問題 65 ページ参照】

【賛成意見】

例：少子化が進む中、これから減少する日本の労働力不足の問題を、外国人労働者が解決してくれると期待できること。

例：外国人労働者が技術を学ぶことで、日本の企業がその国で現地生産を進めるときの指導者としての活躍が期待できること。

例：外国人と交流する機会が増えることで、これからのグローバル社会に対応した人材を育てることが期待できること。

【反対意見】

例：外国人労働者が仕事を得る一方、日本人の仕事が奪われるおそれがあること。

例：外国人の文化が地域社会に持ち込まれることで、生活習慣が崩されるおそれがあること。

例：日本の高い技術を学んだ外国人労働者が祖国の産業の発展に関わることで、将来的に日本製品の購入が減るおそれがあること。

▶▶問題 10 【問題 66 ページ参照】

例：三大都市圏など特定の都市に外国人が集中し、外国人の生活への対応が難しいこと。

例：地方に居住する外国人が少ないため、地方で問題になっている労働者不足を外国人で解消するのが難しいこと。

▶▶問題 11 【問題 67 ページ参照】

例：お互いの国が持つ文化や考え方を共有することで、お互いの個性が活きる環境を作り合っていくこと。

例：宗教によっては食べられないものがあることを理解して、宗教の戒律に反しない料理を提供する店を紹介すること。

例：地域の人々が外国人に対して積極的に声をかけることで、外国人との距離を縮めてお互いが生活しやすい環境を作ること。

例：祭りやイベントなどに外国人を積極的に招待し、地域の住民と交流を深めてお互いの距離を縮めること。

▶▶問題 12 【問題 67 ページ参照】

例：高齢化が進む日本では、今後、介護にあたる人材が不足すると予想されており、介護の専門知識や経験を有する外国人労働者が増えることで、介護サービスを利用する高齢者などが利益を受ける。

例：少子化により労働者不足が見込まれる日本では、さらなる海外での現地生産が進む可能性がある。日本で技術を習得した外国人労働者が現地で働くようになれば、その企業の現地生産が進み、利益を受けやすくなること。

▶▶問題 13 【問題 67 ページ参照】

例：ニュースをうのみにせず、実際に自分で調べてみるなど、お互いの国の文化に興味を持ち、交流していくことが大切である。

例：日本と韓国の若い人たちの交流が深まっていることに注目して、必要以上に対立をあおるような報道や意見を出さないように努めることが大切である。

▶▶問題 14 【問題 68 ページ参照】

例：自分のホームページにその国の生活を紹介する。

例：自分の家に外国人留学生をホームステイとして招待する。

例：ユニセフなどの募金活動に積極的に参加する。

▶▶問題 15 【問題 68 ページ参照】

例：私が関心を持っている国は中国です。現在の中国は世界第 2 位の GDP を誇り今後も経済成長が見込まれる国です。しかし、新型コロナウイルスが武漢から発症するなど感染拡大の点からも中国に注目する必要があるからです。

例：私が関心を持っている国はイギリスです。イギリスは EU を離脱して今後どのようにして経済を成り立たせるか注目されています。私はイギリスと日本がどのように関わりを持ち、日本の発展に活かすことができるか注目する必要があると思うからです。

▶▶問題 16　【問題 68 ページ参照】

例：自分がよく利用している飲食店などにフードバンクに積極的に取り組むことを呼びかける。

例：世界で貧困に苦しんでいる国に水支援を目的として募金を行うことで、世界中の人が安心して水を飲み、農業に水を利用できるように呼びかける。

▶▶問題 17　【問題 69 ページ参照】

例：貧困地域の状況を調査して、オリジナルの新聞を作成する。その新聞を配布することで、援助をする人が増える。

例：自分が住んでいる自治体に貧困に苦しむ子どもたちのための、支援を行う条例の制定を呼びかける。条例の制定へ動きが進めば周りの関心が生まれる可能性があるから。

▶▶問題 18　【問題 69 ページ参照】

✎ 例：安い費用で大量生産を求めるため、現地生産をしている人たちが安い賃金で過酷な労働を強いられること。

✎ 例：流行が廃れると商品が売れなくなるため、大量の衣服が廃棄されてしまうこと。

✎ 例：安く大量に購入できるため、消費者がその服に飽きるとすぐ捨てられてしまうこと。

✎ 例：安く大量に購入できるため、購入してもすぐに捨てることが多くなり、衣服への愛着が持てなくなること。

▶▶問題 19　【問題 70 ページ参照】

✎ 例：レストランや温泉でのルールも学校の校則もこれまでの考えが反映されることが多く、入れ墨をした人や新しい生徒のような異なった考えの人を受け容れることが難しいから。

✎ 例：これまでのルールで問題なく暮らすことができた人たちにとっては、新しいものが入ることで生活が崩されることを嫌う傾向にあるから。

▶▶問題 20 【問題 70 ページ参照】

例：世界で唯一の被爆国であり、また東日本大震災での原子力発電所の被害を世界に伝えることで、人類に害をもたらす核を世界からなくすことに努める。

例：現在のアメリカと中国の様々な対立に対して、両国とも関係の深い日本が間に入ることで、両国の関係を良いものに変え、世界平和実現への取り組みをすること。

例：コロナウイルスが世界中で問題になっているので、日本の高い技術を活かして感染を防ぐためのマスクや防護服の作り方などを世界中に提供するとともに、解決に向かうための治療薬を開発すること。

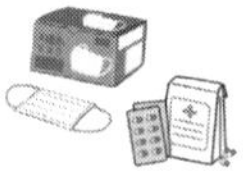

▶▶問題 21

【問題 71 ～ 72 ページ参照】

例：医師数の割合が２倍以上あって自然保護区割合も５倍近くあることから、健康的な生活を送ることができそうだ（からだよ。）

例：自動車保有数の割合が４分の１で二酸化炭素排出量も６分の１であることから、自然との関わりが深い生活ができそうだ（からだよ。）

例：インターネットの使用者数が多く、報道の不自由度が低くて自由度が高いことから、自分たちの意見が言いやすい社会だと思う（からだよ。）

―第6章―
SDGs

▶▶問題1 【問題73ページ参照】

例：プラスチック製品の使い捨てをしないことで、海に住む生物がプラスチックを体内に取り込まないようにする。

例：ゴミを回収業者に処分してもらうようにして、ゴミが海に流れないようにする。

例：温室効果ガスの削減に努めて、海中にある酸素を失わないようにする。

例：乱獲を止める運動を行うことで、海洋生物の減少を食い止める。

▶▶問題２　　　　　　　　　　　　　【問題 74 ページ参照】

例：プラスチック等のゴミを捨てない。

例：外来種の侵入を防ぐ。

例：家庭・工場から出る廃水が流入しない工夫をする。

例：湖岸に集まったゴミを拾って、湖をきれいにする。

例：湖の生態系を守ることの重要性を、小さい子たちに教える。

▶▶問題３ 【問題 74 ページ参照】

例：【目標　１】

災害や流行病で仕事ができなくなり収入を失った人たちに生活給付金などの手当を厚くすることで、生活が苦しくならないようにする。

例：【目標　２】

スーパーなどで売れ残った賞味期限前の食品を買い取り、衛生に気をつけて子ども食堂に利用する。

例：【目標　３】

高齢者や乳幼児などの定期検診の費用の一部を市が負担することで、常に市民の健康に気を遣うようにする。

例：【目標　４】

ボランティアで行う学習塾の開設の費用を市が負担することで、経済的理由によって塾などの教育が受けられないことによる格差が生まれないようにする。

例：【目標　７】

町にソーラーパネルを取り付け、できる限り自分たちで作った電気を使って生活するよう心がける。

例：【目標　8】

仕事を失った人たちに、新しい仕事を見つけるまでの間、市の臨時職員として雇い、生活の保障をする。

例：【目標　11】

築年数の長い家やマンションに対して修理のための補助金を出して、他の都市に移住させないようにする。

例：【目標　16】

外国の異なった文化、人権教育を学校の授業で行うことで、外国人への様々な差別が起こらないようにする。

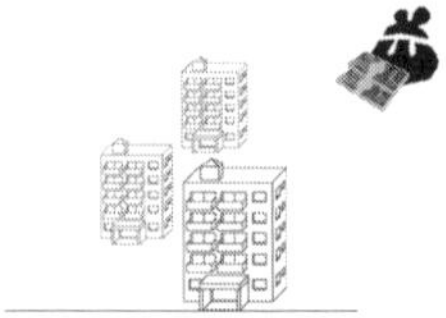

▶▶問題4 【問題 75 ページ参照】

例：【番号　4】

発展途上国の教育の支援を行うことで、焼畑をしない農業を行うようにする。

例：【番号　7】

太陽光や風力発電を利用することで、ダムを建設するために森林を伐採する可能性のある水力発電を行わないようにする。

例：【番号　12】

新しく開発を進める前に環境アセスメントを徹底することで、森林などの環境が破壊されない開発を行う。

例：【番号　15】

地域で行う植樹活動に参加することで、失われた森林を回復させる取り組みをする。

例：【番号　15】

山林に行き森林の生長を妨げる間伐材等を取り除くことで、森林の生長を助ける。

▶▶問題5 【問題75ページ参照】

例：【番号　7】

最新の家電は古い家電に比べて効率良くエネルギーを使うことができるので、環境への影響を抑えることができるから。

例：【番号　9】

最新の家電の需要が増えれば、発展途上国に工場を建てる機会も増えるため、技術を習得することで経済成長を進めることができるから。

例：【番号　10】

最新の家電は現地生産のものも多いため、家電を購入することは発展途上国の経済成長を助け、格差をうめることにつながるから。

例：【番号　12】

最新の家電を使う一方、古い家電の部品をリサイクルして新しい家電に利用することで資源の無駄づかいを防ぐことができるから。

▶▶問題６　【問題76～77ページ参照】

例：【記号　イ】（学校が主語）

学校が定年退職を迎えた高齢者に東北地方の伝承や文化を子どもたちに伝える仕事をしてもらい、高齢者により充実した老後を過ごすことを目標とする。

例：【記号　ウ】（食品会社が主語）

食品会社が東北地方で育てられた果物をフルーツ食品に加工して、全国で販売することで、東北地方の食の豊かさをアピールすることを目標とする。

例：【記号　エ】（電子部品工業が主語）

電子部品工業が積極的に半導体を作り、東北地方の特徴であるシリコンロードを活かしてコンピュータ分野で東北地方が世界をリードしていくことを目標とする。

例：【記号　オ】（建設会社が主語）

建設会社が津波などの災害に耐えることができる施設を作ることで、安心して東北地方で生活できる環境を整え、若い人の移住を促すことを目標とする。

例：【記号　キ】（森林組合と建設会社が主語）

森林組合と建設会社が協力して東北地方のスギを使った木

造住宅の建設を全国で普及させて、木造住宅の素晴らしさ、建設の技術の継承、森林の永続的な維持・管理を目標とする。

—第7章—

AL問題

▶▶問題1　【問題78ページ参照】

例：写真Bに比べて高い所へ登るためのルートがいくつもあるため、一度に多くの人が高い所へ避難できる。

例：写真Aは斜面も避難場所として利用できるため、より多くの人が避難できる。

例：写真Aは普段も子どもたちが遊ぶことができるため、憩いの場所としても利用できる。

▶▶問題 2 【問題 79 ページ参照】

(1)

例：増えていた人口が、2005 年頃から減少するようになった。

例：少子化が進み、高齢者の割合が高くなってきている。

例：少子化が進み、生産年齢人口が減ってきている。

(2)

例：高齢化が進むことで、年金などの社会保障関係費の負担が増えている。

例：少子化が進むことで、将来的な労働力不足が考えられる。

例：少子化が進むことで、日本人の人口が大きく減少するおそれがある。

(3)

例：産業用ロボットを導入して、労働力不足の解消を図る。

例：外国人労働者を受け入れ、労働力不足の解消を図る。

例：外国人労働者に介護などの労働を行わせ、高齢者の介護を充実させる。

例：育児休暇や育児給付金を手厚くして、安心して子どもを産める社会を実現する。

例：教育など育児に関わる負担を国や地方自治体が請け負うことで、安心して子どもを産める社会を実現する。

▶▶問題3

【問題80ページ参照】

例：天候などに収穫が左右されやすく、収入が不安定になりやすいため、国や地方自治体が助成金を出し、不作時でも一定の収入が得られるようにする。

例：一次産業は負担が大きく若い人たちが仕事として選びにくいため、コンピュータを導入して仕事の負担を減らすようにする。

例：一次産業を始めるために必要な機械が高額であることから、国や地方自治体が助成金を出し、購入時の費用の一部を肩代わりする。

例：一次産業は他の産業に比べて収入が低くなりやすいため、加工して商品を販売する六次産業までの取り組みを進め、収入を増やせるようにする。

▶▶問題４ 【問題 80 ページ参照】

例：私はガソリン車を選びます。なぜなら、走ることが目的の自動車で給油（充電）場所が少なく、給油（充電）時間も長く、走行距離も短い電気自動車はガソリン車よりも不便だと考えるからです。確かに 500km 当たりの燃料（電気）代や二酸化炭素排出量では電気自動車のほうが優れています。しかし、ガソリン価格は変動し安くなることもありますし、現在日本の発電方法は火力発電がほとんどを占め、発電するときに二酸化炭素を排出しています。これらのことから、今の私はガソリン車の長所が多いと考えます。

例：私は電気自動車を選びます。なぜなら電気自動車は二酸化炭素を排出しないからです。確かにガソリン車は走行距離が長く広島県内の給油場所も多いです。しかし、電気自動車の普及は始まったばかりで、今後充電場所が増えることが期待できます。また、電気自動車は自宅でも充電できるので、家に帰ってから充電すれば毎日満タンの状態で利用できます。加えて、電気代も安く二酸化炭素を排出しないことは経済的であり環境的であることから、将来的に見れば私は電気自動車のほうが長所が多くなると考えます。

▶▶問題5 【問題81ページ参照】

例：【家電製品】そうじ機

【家事の方法や工夫】ほうきやちりとりを使いやすい所に置いておき、そうじをする。

【利点】手軽に始められ自由に移動できる。（うるさい音がしない。）

例：【家電製品】炊飯器

【家事の方法や工夫】鍋を使ってご飯を炊く。

【利点】自分の好みで炊き加減を調整することができる。

▶▶問題６ 【問題82～84ページ参照】

(1)

例：（①）ア（②）夜遅くなっても晩ご飯やその材料を買える場所が必要になる

例：（①）イ（②）都心へ通勤・通学するための環境が必要になる

(2)

例：【アの場合】

通勤や通学で都心に行かず、家にいる人が増える可能性が高くなるので、スーパーマーケットやコンビニエンスストアは夜遅い時間はお店を閉めることが考えられる。また、お店の品ぞろえも高齢者向けのものに変えていくと考えられる。

例：【イの場合】

通勤や通学で都心に行く人が減るため、鉄道の運行本数を抑えると考えられる。また、駅周辺の施設も高齢者向けのものに整備していくと考えられる。

▶▶問題7 【問題85ページ参照】

(1)

例：若い人の意見が反映されず、若い人向けの政策が出されなくなる。

例：高齢者の意見が反映されやすく、高齢者重視の政策が進みやすくなる。

(2)

例：①年代別に投票できる数を増やしたり減らしたりする。

例：②若い人向けの政策を強く訴え、若い人に政治への関心を持たせるようにする。

例：③投票しない人への罰則を設け、すべての人の投票を強制する。

(3)

例：①一票の格差が生じ、高齢者の基本的人権の、平等権が侵害されるおそれがある。

例：②高齢者からの不満が生まれ、高齢者を意識した候補者しか当選しなくなる。

例：③参政権は権利であり、国民の基本的人権が侵害されるおそれがある。

▶▶問題８ 【問題 86 ページ参照】

（1）

例：曲を十分に理解していない人が周囲の意見に流されるおそれがある。

例：曲を十分に理解している人の意見しか反映されないおそれがある。

（2）

例：クラス全員が両方の歌を理解するための時間を作り、その後に多数決で決めること。

例：クラス全員が両方の歌を聴いた後、みんなで話し合いを行いそれぞれの曲の良さを理解してから多数決で決めること。

▶▶問題９　　【問題87ページ参照】

例：(A)

高い税金を納めることになり生活への負担が大きくなる問題はあるが、国が生活を守ってくれることから納税した以外のお金を安心して自分のために使うことができる。また、災害や流行病が起こり仕事ができないことで収入を失うことになったとしても、国が最低限の生活を保障してくれることが期待できるから。

例：(B)

収入が少ない人にとっては老後の不安などを抱えるかもしれないが、所得が増えても高い税を課せられることがないため、労働意欲が高まる。また、老後の備えを自分でしなければならないという意識が高まり、ムダな消費をしない、効率的な社会の実現が期待できるから。

▶▶問題 10 【問題 87 ページ参照】

例：インターネットに接続すると様々な情報を簡単に手に入れることができて便利です。ただし、情報が正しいかどうかを判断する力も必要です。

例：インターネットを使うと気軽に言えないことを簡単に言うことができるところが便利です。ただし、インターネットに発信した言葉は簡単に消すことができないので、発言は慎重に行う必要があります。

▶▶問題 11 【問題 88 ページ参照】

(1)

例：自分の名前を隠して流せるから。

例：読んでくれる人を増やすために、目立つ表現や刺激的な言い方をするから。

例：相手の顔が見えないため、相手が傷つくとは考えないで投稿するから。

(2)

例：情報の発信元を確認して、個人の発する情報よりも公共の役所や機関の発信する情報を重視するとともに、それらの情報を比較検討して、何が正しいのかを判断する。

例：情報の発信元が普段どのような投稿をしているかを確認して、発信元の情報が信用できるか確認するとともに、自分が信頼する情報の発信元をいくつか持っておく。

▶▶問題 12 【問題 88 ページ参照】

例：良い点は休みがなく毎日開店しているため安心できること、問題点は人手不足で店の経営者が休みたくても休めないこと。そのため、コンピュータやキャッシュレスを導入した無人経営のお店を増やして、無人でも 24 時間営業ができるようにする。

例：良い点は品ぞろえが充実していて、いつ行っても必要なものが手に入ること、問題点は食品ロスなどの問題があること。そのため、コンピュータで食品を管理してムダな発注を減らし、賞味期限前の商品の値下げをして売れ残りを作らないようにすること。

例：良い点は夜間も明かりをつけて営業しているため、夜道でも安心できること、問題点は昼間も明かりをつけているため、エネルギーの消費が多いこと。そのため、明かりはすべて LED を使い、また建物もソーラーパネルを設置することで自家発電で営業できるようにする。

▶▶問題 13 【問題 89 ～ 90 ページ参照】

（1）

例：成人女性の識字率が低いほど、乳児死亡率が高くなる傾向にある。

例：成人女性の識字率が高いほど、乳児死亡率が低くなる傾向にある。

（2）

例：乳児死亡率が高いのは成人女性の識字率が低いことで薬や食品の正しい使い方を理解できない可能性が高い。そこで、識字率の低い国に ODA（政府開発援助）を通して学校を建設し、子どもたちが学校に行き、文字を学べる環境を整える。

例：乳児死亡率が高いのは成人女性の識字率が低いことで薬や食品の正しい使い方を理解できない可能性が高い。そこで、イラストで分かるピクトグラムを薬や食品に載せることで、文字が読めない人でも正しい使い方が分かるようにする。

▶▶問題 14 【問題 91 ～ 92 ページ参照】

例：〈ア〉は過去の国家間で結んだ取り決めを、〈イ〉はロバーツ岬で暮らしている人々のルーツや文化を背景に自分たちの意見を主張している。私は国家間で一度取り決めたことを変えるには再び話し合いを行うべきだと考える。今は北緯 49 度を国境にするという取り決めが有効であり、〈ア〉の主張を支持するべきだと考える。

例：〈ア〉は過去の国家間で結んだ取り決めを、〈イ〉はロバーツ岬で暮らしている人々のルーツや文化を背景に自分たちの意見を主張している。仮に〈ア〉の主張の通りに国境を定めたとしても、ロバーツ岬に住む人たちが不満を抱けば行政が上手く進まないおそれがある。それならば、〈イ〉の主張の通り他の場所を譲渡するなどの話し合いを進め、文化や価値観を背景に国境を再び決めるべきだと考える。

例：〈ア〉は過去の国家間で結んだ取り決めを、〈イ〉はロバーツ岬で暮らしている人々のルーツや文化を背景に自分たちの意見を主張している。私はお互いが対立しあうことが最もよくないと思うので、両国の共有地にしてお互いが譲歩するべきだと考える。

▶▶問題 15 【問題 93 ページ参照】

例：このような主張をしている人は、主にヨーロッパ出身者であると考えられる。その理由は、【資料】より、1976 年は移民のほとんどがヨーロッパ出身者だったが、1996 年や 2016 年にはアジア出身者が増えていることがわかるからである。社会の分裂の問題を解決するには、異なる言語を持つ人同士がコミュニケーションを取れるようにするために、それぞれの地域の言葉を学ぶなどの教育を行っていく必要がある。

例：このような主張をしている人は、主にヨーロッパ出身者であると考えられる。その理由は、【資料】より、1976 年は移民のほとんどがヨーロッパ出身者だったが、1996 年や 2016 年にはアジア出身者が増えていることがわかるからである。社会の分裂の問題を解決するには、それぞれの民族の文化を知るための授業を行い、時間をかけて様々な人々の考え方を共有し、民族が異なっても同じオーストラリアに住む人々という共有意識を芽生えさせることが必要である。

▶▶問題 16 【問題 94 ページ参照】

(1)

◎「そのままうめ立てる」場合

例：地中に住む生物がプラスチックを食べることで生態系の破壊を起こすおそれがあること。

例：プラスチックは分解されないため、長時間地中に残ること。

◎「焼却する」場合

例：ダイオキシンなどの有害な物質が生じるおそれがあること。

例：石油が原料のプラスチックを焼却すると、二酸化炭素が多く発生するおそれがあること。

(2)

例：高温で燃やせるようにして、ダイオキシンなどの有害物質を出さないようにする。

例：ゴミの分別を徹底することで、ゴミを燃やすときに必要以上の熱を出さないようにすること。

(3)

例：ゴミを燃やして生まれた熱を利用して、電力や温水を生み出すこと。

例：ゴミを燃やして生まれた灰を利用して、道路の舗装やうめ立てに利用すること。

▶▶問題 17 【問題 94 ページ参照】

例：電気自動車を使う。ガソリンを燃やさなくなるので、温室効果ガスを減らすことができるから。

例：庭に植物をたくさん植える。CO_2 を吸収し、減らすことができるから。

例：早寝早起きをする。夜間の電気使用量を抑えれば、温室効果ガスを減らすことができるから。

例：同じものを何度も使うリユースを徹底する。ゴミとして焼却しなければ温室効果ガスを減らすことができるから。

例：発展途上国の経済支援を行う。発展途上国の経済力が向上すれば、焼き畑などをやめ、温室効果ガス削減に向けた取り組みを行うことが期待できるから。

▶▶問題 18　【問題 95 ページ参照】

例：外の気温が高くなり、熱中症になるおそれがある。そのため、エアコンの設定温度を調整し、代わりに扇風機などの家電を使うことで電力消費を抑える。

例：気温の急激な変化によりゲリラ豪雨が発生しやすくなる。そのため、同じ場所に人が集まってエアコンを使う台数を抑えるようにする。

▶▶問題 19　【問題 95 ページ参照】

(1)

例：人口爆発が起こり、人口が増大した国で深刻な食糧不足が起こるおそれがあるから。

例：地球温暖化や砂漠化などの環境問題により、食糧の供給が減るおそれがあるから。

(2)

例：買い物の前に何を買うかを決めておき、それ以外のものを買わないようにする。

例：値下げした賞味期限（消費期限）前の食品を積極的に購入し、食品の廃棄を防ぐようにする。

例：余ってしまった食品を肥料として再利用することで、ゴミ焼却場に食品を運ばないようにする。

▶▶問題 20　【問題 96 ページ参照】

(1)

例：ガラスびんや缶は大量に作ると重量が増えるが、ペットボトルは大量に作ってもガラスびんや缶よりは軽量である。

例：ガラスびんや缶に比べてペットボトルは作る際の費用が安く済むこと。

(2)

例：プラスチックごみを海洋生物が体内に取り込むことで、海の生態系が破壊されるおそれがある。

例：プラスチックごみを体内に取り込んだ魚などを私たちが食べて、身体に異常をきたすおそれがある。

(3)

例：学校でボランティア活動を行い、通学路にあるプラスチックごみを取り除く取り組みをする。

例：給食の牛乳は牛乳びんで飲み、プラスチック製のストローを使わないようにする。

例:学校に持っていく手提げ袋などは布製にして、ビニール袋を持ってこないようにする。

(4)

【目標 12】

例:ビニール袋の材料を、誤って食べてしまったとしても、胃液で消化できるようなものにする。

例：製造からプラスチックの処分までを一貫して取り組む。

【目標 15】

例 ：SNS で有効な情報を出来るだけ拡散して、多くの人に意識して行動してもらうようにする。

例：シカなどの動物がいる所から立ち去るとき、プラスチックごみが落ちていないか確認する。

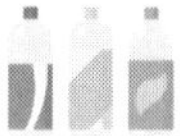

▶▶問題 21 【問題 97 ページ参照】

例：便利な点はお金を使わなくて済むため、店員と手を触れる機会が減りウイルス感染のリスクが減ること、課題はお金の感覚が薄くなることで買い物のしすぎにより支払いに困るおそれがあること。そのため、事前に使える金額を設定しておき、ムダづかいをしない工夫をしておく。

例：便利な点はお金がなくても買い物ができることで無人レジを使って買い物の時間を短縮できること、課題は利用者の携帯電話の充電が切れたりお店が停電になると利用できなくなるおそれがあること。そのため、利用者は簡易型の充電器を、お店は補助電源を用意しておきいつでも利用できるようにしておく。

例：便利な点はお店側が購入者のデータを集めることで、お店に必要なものと不必要なものに分けることができること、課題はセキュリティが甘く、他の人に使われてしまうおそれがあること。そのため利用者は他の人が分からないパスワードを設定し、管理会社はセキュリティについて厳重な管理を行うようにする。

▶▶問題 22 【問題 97 ページ参照】

(1)

【A】

例：休みを十分に取れるようにして、労働者の不満を減らすようにする。

例：給料などの賃金の待遇を良くすることで、他の人が仕事を求めてくるような環境を整える。

【B】

例：産業用ロボットを導入すること。

例：外国人労働者を受け入れること。

(2)

例：私はAだと思います。働き手の数が減らないことは、賃金や休暇などが充実していて、働き手にとって快適な環境であると考えるから。

例：私はBだと思います。外国人労働者など新しい労働力になるものにお金が回ることで、広く幸福がもたらされると考えるから。

▶▶問題 23　　【問題 98 ページ参照】

✐ 例：これからの日本は高齢化が進み、社会保障関係費の負担がさらに増すおそれがある。そこでスポーツを通して国民が健康になれば、医療にかかる負担も減り社会保障関係費に多くのお金を使わずに済むこと。

✐ 例：これからの社会はグローバル化が進み、自分たちとは異なる文化や考え方を持った人たちと交流する機会が増える可能性が高い。そこでルールが分かっていれば言葉がそれほど通じなくてもできるスポーツを通してお互いの考えを理解し、交流を深められる役割。

▶問題 24　　【問題 98 ページ参照】

✐ 例：「原稿用紙を見ながら」という点を「原稿用紙を見ないで」プレゼンテーションすることで、見ている人と目を合わせやすくなる。

✐ 例：「笑顔を出さず、真剣な表情で」という点を「話の内容によって表情を変える」プレゼンテーションをすることで、見ている人が、何が重要なのかが分かりやすくなる。

▶問題 25 【問題 99 ページ参照】

例：授業中に携帯電話を使って勉強に集中できなくなるおそれがある。そこで登校したときに先生に携帯電話を預け、終礼のときに返してもらうことで、勉強に集中する環境を整えられるようにする。

例：携帯電話を持っていない人は、携帯電話を通して交流を築けないため学校内で孤立するおそれがある。そこで、１週間に１時間クラス内でコミュニケーションを図る時間を作り、携帯電話がなくても交流を築ける機会を作る。

—あとがき—

最後に本書を作成して感じたことを述べたいと思います。それは2つあります。

1つは出題量の多さです。このお話をいただいた当初、3年分の入試問題を見れば1冊分になると考えましたが、その通りになりました。ただし、紙幅を多く使う資料を抑えてのことです。また、年々出題量も増えていますので、資料問題を積極的に使えば将来的に1年で1冊分の問題集ができる分量になるかもしれません。それだけ中学受験において思考力問題の重要度が高まってきていると言えます。

もう1つは世の中の変化と思考力問題の相性がよいことです。本書でも出題した災害への備え、食品ロス、プラスチックごみ、SDGs（持続可能な開発目標）といった、ここ最近注目されているテーマの思考力問題が入試で多く見られました。現在新型コロナウイルスが世界中で大きな影響を及ぼしていますが、それに関する問題が出る可能性は十分にあります。例えば、こうした問題が出る可能性が考えられます。

問題1

2020年2月に政府は全国の学校に一斉休校を要請し

ました。あなたが今回の一斉休校で感じた学校の課題とは何ですか。またどうすればその課題は解決できるかあなたの考えを述べなさい。

問題２

新型コロナウイルスに打ち克った後の社会はどのような社会でしょう。新型コロナウイルス前の社会と比較して、理由を含めてあなたの考えを述べなさい。

問題１は休校の前後を比較しても、休校中に感じたことからも考えることができます。問題２は将来社会に出る中学受験生に、世の中のことを考えてもらうために出題される可能性があります。また、新型コロナウイルス以外でも話題になったニュースはあります。そうしたニュースからも思考力問題が出されることでしょう。

以上のように、思考力は中学受験合格に必要な要素になりつつあります。しかし、思考力は中学受験だけではなく、これからの社会で活躍するためにも必要なものです。

本書を通して中学受験、社会で上手くいくための手段を手に入れていただければ幸いです。

2020年８月吉日

田中則行

【著者プロフィール】

田 中 則 行

20 年近く個別指導塾で主に中学受験を指導、多くの受験生を御三家などの難関校合格に導く。また、勤務する塾の塾専用教材・学校別模試・時事問題集・入試問題分析など様々なものにも関わり、指導以外の面からも受験生をサポートしている。

そして 2018 年から Twitter（https://twitter.com/tyuukisya）を開設、これまで得た知識や経験を基に時事問題や思考力問題といった、中学受験社会に関するあらゆる情報を発信、多くの人からの支持を得る。また、2020 年からは note（https://note.com/tyuukisya）を開設。Twitter でまとめきれない情報を発信している。

中学受験社会
思考力を身につけるレッスン帳　　＊定価はカバーに表示してあります。

2020 年 10 月 20 日　初版第 1 刷発行

著　者　田 中 則 行
編集人　清 水 智 則
発行所　エール出版社
〒 101-0052　東京都千代田区神田小川町 2-12
信愛ビル 4 F
e-mail：info@yell-books.com
電話　03(3291)0306
FAX　03(3291)0310
振替　00140 − 6 − 33914

ISBN978-4-7539-3486-7